초등 국어

2-2

바른 글자 쓰기와 받아쓰기,
초등 어휘력 확장을 돕는

교과서 달달 쓰기

WRITERS

미래엔콘텐츠연구회
No.1 Content를 개발하는 교육 콘텐츠 연구회

COPYRIGHT

인쇄일 2024년 8월 12일(1판1쇄)
발행일 2024년 8월 12일

펴낸이 신광수
펴낸곳 (주)미래엔
등록번호 제16–67호

융합콘텐츠개발실장 황은주
개발책임 정은주 **개발** 한솔, 백경민, 송승아, 김라영

디자인실장 손현지
디자인책임 김기욱 **디자인** 이명희

CS본부장 강윤구
제작책임 강승훈

ISBN 979-11-6841-869-1

바르고
예쁘게
글씨 써요.

매일매일
스스로
공부해요.

받아쓰기
실력을
높여요.

국어 공부는 낱말을 정확하게 알고,
바르게 쓰는 것에서 시작해요.
"초코 교과서 달달 쓰기"와 함께
매일매일 교과서 속 낱말을 쓰고,
교과서 밖 다양한 낱말까지 익히면
국어 실력을 탄탄하게 쌓을 수 있어요.

자, 이제 예쁘게 깎은 연필 한 자루를 손에 쥐고
또박또박 쓰기 시작해 볼까요?

이 책의 구성

2 시를 읽고 장면을 상상하며 그림으로 표현하고 생각이나 느낌을 나누
었어요. 문장에 알맞은 꾸며 주는 말을 찾아 빈칸에 쓰세요.

드르륵   빙글빙글   첨벙첨벙   호로록

♥ 신발주머니를 ☐☐☐☐ 돌리며 걸어가는
모습이 재밌어 보였어요.

☆ 짜장면을 ☐☐☐ 먹는다는 표현이 인상 깊었어요.

♧ ☐☐☐☐ 물장구를 치고 싶어졌어요.

◇ 교실 문이 ☐☐☐ 열리며 선생님이 들어오시는
모습이 떠올랐어요.

● **교과서 속 낱말을 따라 쓰며 확인해요.**

교과서에는 단원별로 꼭 알아야 할 내용들이 있어요.
그림과 함께 교과서의 핵심 내용을 공부하고, 바르게
따라 써 보아요.
쓰기 칸에 맞추어 낱말을 따라 쓰다 보면 저절로 교과
서 내용을 기억할 수 있어요.

● **놀이형 문제를 풀며 알맞은 낱말을 찾아 써요.**

낱말이 쓰인 상황이나 그림을 살펴보고, 그에 알맞은
낱말이 무엇인지 찾는 연습을 해 보아요. 그리고 잘못
쓴 부분을 바르게 고쳐 써 보아요.
알맞은 낱말 찾기 활동으로 낱말의 바른 모양을 제대
로 알고, 바르게 쓰는 습관을 기를 수 있어요.

교과서 낱말과 문장, 학년별로 꼭 알아야 하는
중요 낱말을 매일 꾸준히 쓰면서 익히면
쓰기력과 어휘력을 한 번에 향상시킬 수 있어요!

3단계 낱말 쓰기

3 그림에 알맞은 수를 세는 말을 골라 ○표 하고, 낱말을 따라 쓰세요.

자루
타래

뜨개실 세 [타][래] 를 샀어요.

타래: 실이나 끈을 감아 놓은 뭉치를 세는 말.

척
필

배 다섯 [척] 이 바다에 떠 있어요.

척: 배의 수를 세는 말.

가닥
가락

영감의 콧수염 두 [가][닥] 이 돋보여요.

가닥: 줄이나 줄기 등을 세는 말.

4단계 문장 쓰기

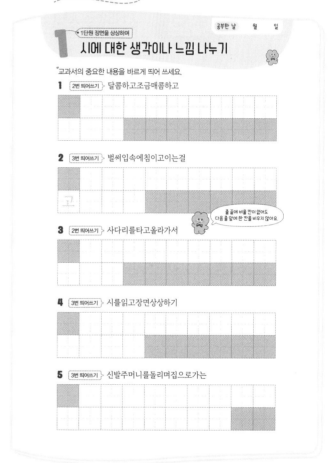

1 1단원 장면을 상상하며

공부한 날   월   일

시에 대한 생각이나 느낌 나누기

교과서의 중요한 내용을 바르게 띄어 쓰세요.

1 [2번 띄어쓰기] 달콤하고조금매콤하고

2 [3번 띄어쓰기] 벌써입속에침이고이는걸

고

줄 끝에 비울 칸이 없어도
다음 줄 앞에 한 칸을 비우지 않아요

3 [2번 띄어쓰기] 사다리를타고올라가서

4 [3번 띄어쓰기] 시를읽고장면상상하기

5 [3번 띄어쓰기] 신발주머니를돌리며집으로가는

● **다채로운 낱말을 또박또박 바르게 써요.**

저학년이 반드시 알아야 할 중요 낱말을 쓰면서 낱말
의 뜻, 뜻이 반대인 낱말, 뜻이 비슷한 낱말, 맞춤법,
발음, 띄어쓰기, 기초 문법 등을 함께 익혀요.
그리고 생각이나 상황을 나타내는 문장에 알맞은 낱
말을 쓰면서 표현하는 자신감을 얻을 수 있어요.

● **교과서 속 문장을 쓰며 받아쓰기 연습을 해요.**

단원별로 공부한 낱말이 쓰인 교과서 속 문장을 천천
히 따라 써 보아요.
문장을 통째로 따라 쓰면 낱말의 쓰임을 제대로 확인
해 볼 수 있고, 띄어쓰기를 하는 방법도 익히게 되어
받아쓰기 시험 준비도 탄탄하게 할 수 있어요.

이 책의 차례

공부 계획표

출발

1일차
1단원
6~9쪽
월 일

2일차
1단원
10~13쪽
월 일

3일차
1단원
14~17쪽
월 일

8일차
3단원
34~37쪽
월 일

7일차
3단원
30~33쪽
월 일

6일차
2단원
26~29쪽
월 일

5일차
2단원
22~25쪽
월 일

4일차
2단원
18~21쪽
월 일

9일차
3단원
38~41쪽
월 일

10일차
4단원
42~45쪽
월 일

11일차
4단원
46~49쪽
월 일

12일차
5단원
50~53쪽
월 일

13일차
5단원
54~57쪽
월 일

18일차
7단원
74~77쪽
월 일

17일차
7단원
70~73쪽
월 일

16일차
6단원
66~69쪽
월 일

15일차
6단원
62~65쪽
월 일

14일차
5단원
58~61쪽
월 일

도착

19일차
7단원
78~81쪽
월 일

20일차
8단원
82~85쪽
월 일

21일차
8단원
86~89쪽
월 일

22일차
8단원
90~94쪽
월 일

1단원 장면을 상상하며

시에 대한 생각이나 느낌 나누기

✏️ 시의 내용을 생각하거나, 재미있는 표현을 찾거나 자신의 경험을 떠올리며 시의 장면을 상상해 보세요. 그리고 시에 대한 생각이나 느낌을 이야기해요.

이 시를 읽으니 '나'와 아빠가 우산을 나란히 쓰고 다정하게 걸어가는 모습이 떠올랐고, 사이가 좋은 것 같다는 느낌이 들었어.

비 오는 날 나를 뒤에서 묵묵히 돌봐 주시던 아빠의 모습이 떠올랐어.

시를 읽으며 장면을 상상해 보세요.

1 친구들이 시를 읽고, 학교가 끝났을 때의 생각이나 느낌을 나누었어요. 친구들의 생각이나 느낌을 떠올리며 낱말을 따라 쓰세요.

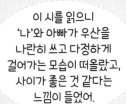

헬리콥터처럼 날아오를 것 같이

즐거웠어.

단짝과 도란도란 이야기를 나눌 생각에

설렜어.

친구와 운동장에서 뛰어놀 생각에 발바닥이

근질거렸어.

2 시를 읽고 장면을 상상하며 그림으로 표현하고 생각이나 느낌을 나누었어요. 문장에 알맞은 꾸며 주는 말을 찾아 빈칸에 쓰세요.

♥ 신발주머니를 [   ] 돌리며 걸어가는

모습이 재밌어 보였어요.

☆ 짜장면을 [   ] 먹는다는 표현이 인상 깊었어요.

♣ [   ] 물장구를 치고 싶어졌어요.

◇ 교실 문이 [   ] 열리며 선생님이 들어오시는

모습이 떠올랐어요.

3 그림에 알맞은 수를 세는 말을 골라 ○표 하고, 낱말을 따라 쓰세요.

자루

타래

뜨개실 세 타 래 를 샀어요.

타래: 실이나 끈을 감아 놓은 뭉치를 세는 말.

척

필

배 다섯 척 이 바다에 떠 있어요.

척: 배의 수를 세는 말.

가닥

가락

영감의 콧수염 두 가 닥 이 돋보여요.

가닥: 줄이나 줄기 등을 세는 말.

4 진이가 시를 읽고 떠올린 자신의 경험을 발표했어요. 낱말을 따라 쓰세요.

진이

지난 주말에 집에서 떡볶이 를 만들어 먹었어요.

떡볶이가 너무 맛있어서 허겁지겁 먹었는데,

나중에 보니 콧잔등 에 떡볶이 양념이 잔뜩 묻어 있었어요.

언니가 저를 보고 빨간 점이 생겼다며 깔깔 웃었어요.

시 「짜장 요일」의 말하는 사람도 저처럼 짜장면을 신나게

먹어서 짜장 점이 생겼나 보아요.

1단원 장면을 상상하며

이야기에 대한 생각이나 느낌 나누기 ①

이야기 속 인물의 말이나 행동을 살펴 인물의 마음을 상상하거나 장면을 떠올려 보고, 이야기에 대한 생각이나 느낌을 이야기해요.

이야기를 읽고 떠오른 생각이나 느낌을 친구들과 말해 보아요.

갑자기 낯선 곳에 오게 되어서 걸리버는 많이 놀랐을 것 같아.

몸을 움직일 수 없어서 답답했을 것 같아.

1 이야기 속 한 장면을 표현한 그림을 보고, 인물의 마음을 상상해 보았어요. 마음을 나타내는 낱말을 따라 쓰세요.

바깥세상은 어떤 곳일까?

탑 안에 갇혀 있어서 | 외 | 롭 | 다 |.

이 많은 걸 언제 다 하지?

집안일을 혼자 하느라 | 서 | 럽 | 다 |.

어찌 내가 네 형님이냐?

형님 여기 계셨군요!

나무꾼의 말에 호랑이가 | 당 | 황 | 하 | 다 |.

2 한이가 얼마 전에 시골 할머니 댁에 태어난 새끼 고양이인 '하양이'를 소개하고 있어요. 낱말을 따라 쓰고, 하양이를 찾아 ○표 하세요.

〈하양이를 소개합니다〉

얼마 전에 할머니 댁에 새끼 고양이가 태어났어요.

온몸이 눈처럼 　하 애 서　 이름이 하양이예요.

　꼬 물 꼬 물　 움직이는 모습이 귀여워요.

하양이는 　호 기 심　 이 많아서 모든 걸 궁금해해요.

가장 좋아하는 장난감은 　털 실　 이에요.

매일 털실을 풀어 놓으며 　흔 적　 을 남겨요.

하양이가 튼튼하게 　무 럭 무 럭　 자라면 좋겠어요.

(　　　)　　　(　　　)　　　(　　　)

3 다음 낱말들은 여러 가지 뜻을 가지고 있어요. 각각의 뜻을 생각하며 문장을 따라 쓰세요.

'풀다', '쏜다', '찍다'는 여러 가지 뜻을 가진 낱말이에요.

풀다

| 신 | 발 | | 끈 | 을 | |
| 풀 | 다 | . | | | |

돌지 못하는 팽이는?

| 수 | 수 | 께 | 끼 | 를 | |
| 풀 | 다 | . | | | |

| 코 | 를 | | | 풀 | 다 | . |

| 고 | 추 | 장 | 을 | | 풀 |
| 다 | . | | | | |

 쏟다

물	을		쏟	다	.	

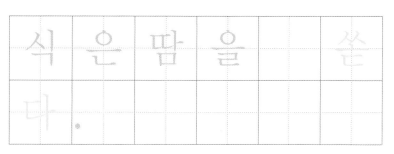

식	은	땀	을		쏟
다	.				

 찍다

발	자	국	을		찍
다	.				

사	진	을		찍	다	.

소	금	을		찍	다	.

1단원 장면을 상상하며

이야기에 대한 생각이나 느낌 나누기 ②

1 친구들이 이야기를 읽고 떠오른 생각이나 느낌을 말했어요. 낱말을 따라 쓰세요.

강아지풀로 간지럼을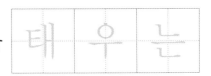

모습이 즐거워 보였어요.

 것을

보니 대청소를 하느라 지쳤나 보아요.

귀신이 나올까 봐 밤새 잠을

한 숨 도 못 잤던 경험이 생각났어요.

비바람에 해바라기가 쓰러질까 봐

마음을 졸 였 을 것 같아요.

2 친구들이 빗자루 가게에 가는 방법을 알려 주었어요. ( )에 들어갈 알맞은 낱말을 골라 ○표 하고 빈칸에 쓴 후, 길을 찾아가세요.

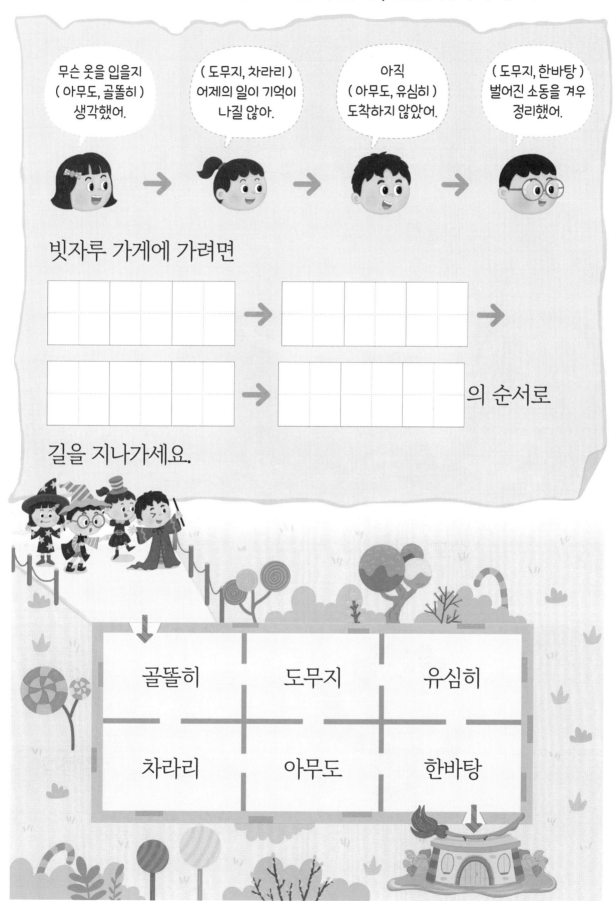

무슨 옷을 입을지 (아무도, 골똘히) 생각했어.

(도무지, 차라리) 어제의 일이 기억이 나질 않아.

아직 (아무도, 유심히) 도착하지 않았어.

(도무지, 한바탕) 벌어진 소동을 겨우 정리했어.

빗자루 가게에 가려면

의 순서로

길을 지나가세요.

골똘히　　도무지　　유심히

차라리　　아무도　　한바탕

3 다음 낱말과 뜻이 서로 비슷한 말을 찾아 ○표 하고, 빈칸에 쓰세요.

깜깜하다

눈부시다

어둡다 ―

소중하다

쓸데없다

혹에서 노래가 안 나오잖아?
이 혹은 더 이상 내게 필요하지 않아.

쓸모없다 ―

건강하다

허약하다

튼튼하다 ―

4 이야기를 읽고 떠오르는 생각과 느낌을 썼어요. 낱말을 따라 쓰세요.

주인공이 방에 고쳐야 할 물건이 있다고 해서 무엇인지 궁금했어요.

겉보기에는 모두 다  보였기 때문이에요.

멀쩡해: 흠이나 다친 곳이 없고 아주 온전해.

그러나 주인공이 의자에 앉자,  소리가 났어요.

엄마께 시끄럽다고  를 들으면서도

재미있어 하며 의자에서 장난을 치는 주인공을 보니 의자를

고 치 지 않았으면 좋겠다고 생각했어요.

2단원 서로 존중해요

1. 상대와 기분 좋게 대화하기

고운 말을 사용하면 서로 기분 좋게 대화할 수 있어요. 상대의 말을 공감하며 들어 주고, 내 상황을 고운 말을 사용해서 말해요.

진이야, 글짓기 대회에서 상 받은 것 축하해.

솔이야 정말 고마워. 네가 축하해 주니 기분이 정말 좋아.

솔이   진이

고운 말은 다른 사람의 마음을 헤아려 부드럽게 하는 말이에요.

대화를 할 때에는 욕설이나 비속어는 사용하지 않아요. 또한 상대의 기분이 상하지 않도록 말해요.

1 다음 상황에 어울리는 고운 말을 따라 쓰세요.

네가  최 고 야 .

오늘 하루도  고 생 했 어 .

너무 떨려요.

넌 잘 할 수 있을 거야. 파이팅!

2 각 상황에 어울리는 고운 말을 생각하며 ㉠~㉣에 들어갈 알맞은 문장을 찾아 선으로 잇고, 낱말을 따라 쓰세요.

㉠ •

• 너도 힘 내 !

㉡ •

• 걱 정 해 줘서 고마워.

㉢ •

• 찾아서 다 행 이 야 .

㉣ •

• 괜 찮 아 . 나도 방금 왔어.

3 그림을 살펴보고, 뜻이 서로 반대인 낱말을 따라 쓰세요.

잊 다 ↔ 기 억 하 다

도 와 주 다 ↔ 방 해 하 다

헤 어 지 다 ↔ 만 나 다

좋 아 하 다 ↔ 싫 어 하 다

4 친구와 고운 말로 대화를 나누었던 경험을 떠올리며 준이의 일기를 읽고, 낱말을 따라 쓰세요.

준이 폴

오늘 프랑스에서 온 친구 폴이 전학 을 갔다.

2학년이 되어서 함께한 추억 이 많은데, 헤어지게 되어서

정말 아쉽다 .

폴은 나에게 그동안 잘 챙겨 주어서 고마웠다고 이야기했다.

앞으로도 자주 연락 하기로 약속했다 .

폴이 많이 보고 싶을 것이다.

2단원 서로 존중해요

상대를 존중하며 대화하기 ①

칭찬이나 조언을 할 때에는 상대의 기분을 생각하여 말해야 해요. 또한 대화 내용에 알맞은 표정과 몸짓, 말투를 사용하여 상황에 어울리도록 반응해요.

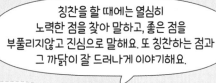

칭찬을 할 때에는 열심히 노력한 점을 찾아 말하고, 좋은 점을 부풀리지않고 진심으로 말해요. 또 칭찬하는 점과 그 까닭이 잘 드러나게 이야기해요.

조언을 할 때는 듣는 사람의 기분을 생각하여 문제를 해결할 수 있는 방법을 진심을 담아 이야기해 줘요.

한이야, 너는 노래를 참 잘 부르는구나. 목소리가 정말 듣기 좋아.

진이야, 고마워. 네가 칭찬해 주니 기분이 좋아.

나도 너처럼 줄넘기를 잘하고 싶은데……

날마다 10분씩 줄넘기 연습을 해 보면 어떨까?

1 다음 상황에 알맞은 칭찬하는 말을 따라 쓰세요.

새 옷을 입고 온 친구에게

이 옷이 네게 정말 잘 | 어 | 울 | 려 | .

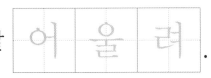

질문에 대답을 잘 해주는 친구에게

너는 참 | 친 | 절 | 해 | . 뭐든 잘 알려 줘.

미술 작품을 완성한 친구에게

완성하려고 노력한 네가 정말 | 대 | 단 | 해 | .

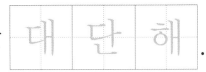

2 이야기 속 인물의 마음을 나타내는 말을 찾아 선으로 잇고, 낱말을 따라 쓰세요.

서글프다: 슬프고 외롭다.

시시하다: 보잘것없으며 재미없다.

의심쩍다: 불확실하여 믿지 못할 만한 데가 있다.

흐뭇하다: 마음에 들어 만족스럽다.

3 엄마의 쪽지에서 바른 낱말을 찾아 ○표 하고, 빈칸에 알맞은 낱말을 쓰며 길을 찾아가세요.

진이에게
   (싸키, 쌓기) 놀이를 한 후에 블록을 아무렇게나 (팽개쳐, 팽게쳐) 두었구나. 그렇지만 블록을 (널브러뜨려, 널부러뜨려) 놓으면 보기 좋지 않고, 밟아서 다칠 수도 있단다. 앞으로는 놀이 후에 블록을 꼭 장난감 상자에 (너어, 넣어) 두는 것이 좋을 것 같구나. 앞으로 정리를 잘 하는 진이가 되길 바랄게.
   – 진이를 사랑하는 엄마가

4 찬이가 대화할 때 적절히 반응하는 방법을 이야기하고 있어요. 낱말을 따라 쓰며, 대화할 때 적절하게 반응하는 방법을 정리해 보세요.

대 화 를 나눌 때에는 표정, 목소리, 행동이 상황에 어울리도록

반 응 하 는 것이 중요해요. 다음을 기억해 주세요.

첫째, 말하는 사람을 쳐 다 보 며 대화 내용에

집 중 해 요 .

둘째, 대화를 끝까지 듣고 말하는 사람에게 공 감 해 줘요.

셋째, 상황에 알맞은 표정을 지으며 부드러운 말 투 로

말해요.

2단원 서로 존중해요

상대를 존중하며 대화하기 ②

1 솔이가 고민 상담소에 조언을 구하는 내용을 보냈어요. 도착한 답변을 따라 쓰면서, 친구들이 솔이에게 어떤 조언을 해 주었는지 살펴보세요.

> 밤에 자려고 누우면 무서운 생각이 들 때가 많아요.
> 저는 어떻게 하는 것이 좋을까요?
> 도움이 되는 이야기를 많이 해 주세요.

우리 반 고민 상담소

즐거웠던 일을 | 떠 | 올 | 려 | 봐요.

좋아하는 물건을 | 머 | 리 | 맡 | 에 두고 자는 건 어때요?

| 무 | 서 | 운 | 이야기가 나오는 책을 자기 전에 읽지 말아요.

2 글자와 뜻이 다르지만 소리가 같은 낱말을 살펴보고, 그림이 나타내는
낱말을 찾아 빈칸에 쓰세요.

짓다, 짖다

집을 ☐☐.

개가 ☐☐.

담다, 닮다

자매가 ☐☐.

과일을 ☐☐.

익다, 읽다

책을 ☐☐.

벼가 ☐☐.

3 두 낱말을 합치면 어떤 낱말이 될까요? 선으로 잇고, 낱말을 모두 따라 쓰세요.

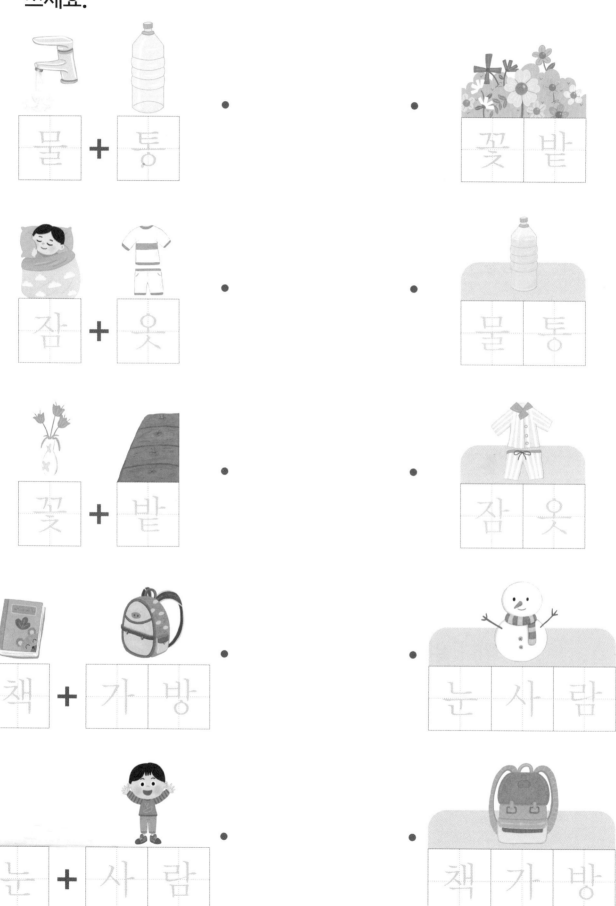

4 한이와 진이가 그림을 보고, 각 상황에 어울리는 조언하는 말을 생각하여 대화를 하고 있어요. 낱말을 따라 쓰며 문장을 완성해 보세요.

 내가 키우던 식물이 | 시 | 들 | 어 | 서 | 속상해.

 열심히 돌본 식물이 시들어서 속상하겠다. 시든 식물을 다시

자라게 하는 방법을 선생님께 | 여 | 쭤 | 보 | 자 |.

 책이 자꾸 | 쓰 | 러 | 져 | 서 | 사물함을 정리하기

어려워. 좋은 방법이 무엇일까?

 | 책 | 꽂 | 이 | 를 사용하면 잘 정리할 수 있어.

3단원 내용을 살펴요

1. 글을 읽고 중심 내용 파악하기 ①

글을 읽고 중심 내용을 찾을 때에는 글의 제목을 보고 무엇에 대한 내용인지 짐작해 보세요. 또 글쓴이가 하고 싶은 말이나 글쓴이가 그렇게 말한 까닭을 찾아보세요.

윷놀이는 네 개의 윷가락을 던져 하는 놀이구나.

중심 문장을 찾기 위해서는 글을 읽을 때 중요한 문장과 그렇지 않은 문장을 구분해서 읽어요.

중요한 내용이라고 생각하는 문장을 간추려 중심 내용을 정리해 보세요.

1 준이가 글을 읽고 중심 내용을 정리했어요. 낱말을 따라 쓰며, 준이가 읽은 글이 무엇에 대한 내용인지 알아보세요.

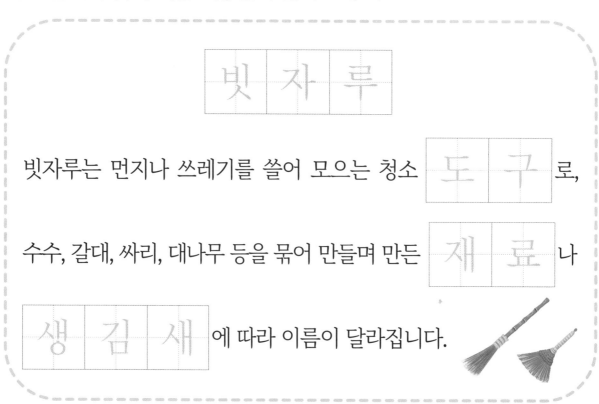

빗 자 루

빗자루는 먼지나 쓰레기를 쓸어 모으는 청소 도 구 로,

수수, 갈대, 싸리, 대나무 등을 묶어 만들며 만든 재 료 나

생 김 새 에 따라 이름이 달라집니다.

2 그림을 보고, 상황에 알맞은 낱말을 골라 빈칸에 써서 문장을 완성하세요.

가지런하다

들쭉날쭉하다

한이의 글씨는 ⬜⬜⬜⬜⬜⬜ .

진이의 글씨는 ⬜⬜⬜⬜⬜⬜ .

납작하다

볼록하다

빵이 놓인 그릇은 ⬜⬜⬜⬜⬜ .

빵을 먹은 솔이의 볼은 다람쥐처럼 ⬜⬜⬜⬜ .

3 여우가 두루미에게 사과하기 위해 친구에게 진심으로 사과하는 방법
과 관련된 글을 읽으며 중심 내용을 정리했어요. 낱말을 따라 쓰세요.

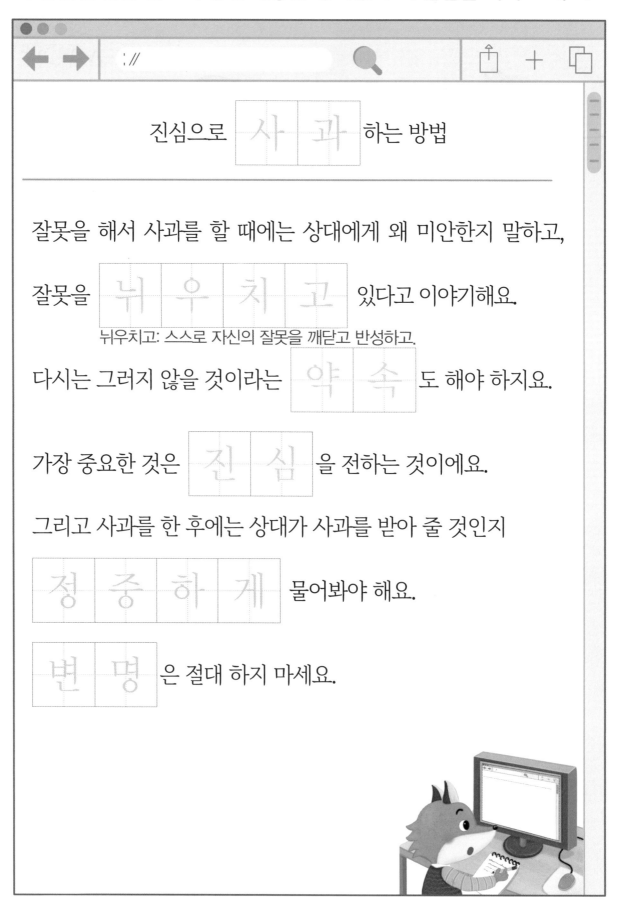

진심으로 사 과 하는 방법

잘못을 해서 사과를 할 때에는 상대에게 왜 미안한지 말하고,

잘못을 뉘 우 치 고 있다고 이야기해요.

뉘우치고: 스스로 자신의 잘못을 깨닫고 반성하고.

다시는 그러지 않을 것이라는 약 속 도 해야 하지요.

가장 중요한 것은 진 심 을 전하는 것이에요.

그리고 사과를 한 후에는 상대가 사과를 받아 줄 것인지

정 중 하 게 물어봐야 해요.

변 명 은 절대 하지 마세요.

4 여우가 두루미에게 사과의 마음을 담아 편지를 보냈어요. 낱말을 따라 쓰세요.

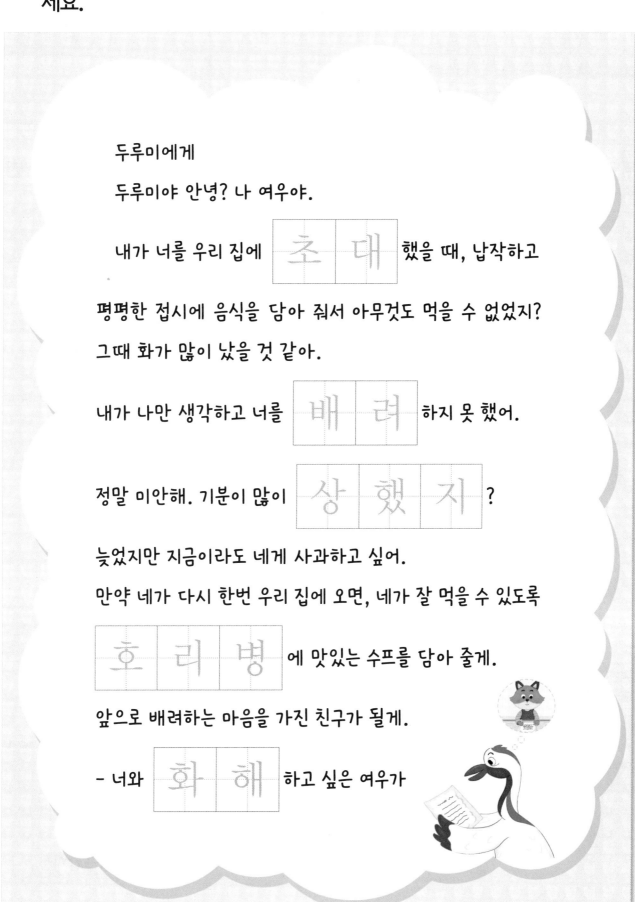

두루미에게

두루미야 안녕? 나 여우야.

내가 너를 우리 집에 초 대 했을 때, 납작하고

평평한 접시에 음식을 담아 줘서 아무것도 먹을 수 없었지?

그때 화가 많이 났을 것 같아.

내가 나만 생각하고 너를 배 려 하지 못 했어.

정말 미안해. 기분이 많이 상 했 지 ?

늦었지만 지금이라도 네게 사과하고 싶어.

만약 네가 다시 한번 우리 집에 오면, 네가 잘 먹을 수 있도록

호 리 병 에 맛있는 수프를 담아 줄게.

앞으로 배려하는 마음을 가진 친구가 될게.

– 너와 화 해 하고 싶은 여우가

3단원 내용을 살펴요

1. 글을 읽고 중심 내용 파악하기 ②

1 손가락에 대한 글을 읽고 중심 내용을 찾아 글을 간추려 정리했어요. 빈 칸에 알맞은 낱말을 찾아 쓰세요.

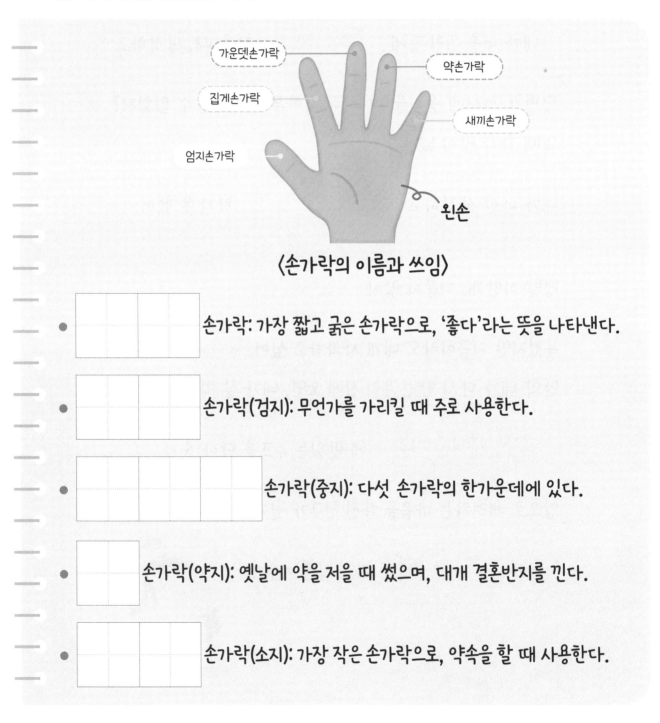

〈손가락의 이름과 쓰임〉

☐☐☐ 손가락: 가장 짧고 굵은 손가락으로, '좋다'라는 뜻을 나타낸다.

☐☐ 손가락(검지): 무언가를 가리킬 때 주로 사용한다.

☐☐☐☐ 손가락(중지): 다섯 손가락의 한가운데에 있다.

☐☐ 손가락(약지): 옛날에 약을 저을 때 썼으며, 대개 결혼반지를 낀다.

☐☐☐ 손가락(소지): 가장 작은 손가락으로, 약속을 할 때 사용한다.

2 친구들이 눈사람을 만들고 있는 모습을 살피며 낱말을 따라 쓰세요.

눈이 펑펑 내린 날, 친구들이 눈사람을 만들었어요.

준이는 눈사람에게 목도리를 | 동 | 어 | 매 | 주었어요.

진이는 눈사람 몸통에 묻은 모래를 | 긁 | 어 | 내 | 주었지요.

한이는 나뭇가지를 | 잘 | 라 | 서 | 눈사람에게 팔을 만들어 주려

고 해요.

솔이는 눈사람을 한 개 더 만들려고 열심히 눈을 | 뭉 | 치 | 고 |

있어요.

3 옛날 사람들이 사용했던 생활 도구가 오늘날 어떻게 변했는지 살펴보며, 낱말을 따라 쓰세요.

화로 → 전기난로

맷돌 → 믹서

가마솥 → 전기밥솥

김장독 → 김치냉장고

4 그림의 상황에 맞는 관용 표현의 뜻을 생각하며 따라 쓰세요.

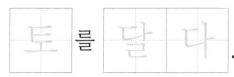

준이가 엄마의 말에

토		를	달	다

.

토를 달다: 어떤 말 끝에 그 말에 대하여 덧붙여 말하다.

아이의 열이 내리지 않아서

가	슴	을	태	우	다

.

가슴을 태우다: 몹시 애태우다.

혼자 동생들을 돌보아야 해서

어	깨	가	무	겁	다

.

어깨가 무겁다: 무거운 책임을 져서 마음에 부담이 크다.

유리컵을 깨 놓고 모르는 일인 척

시	치	미	를	떼	다

.

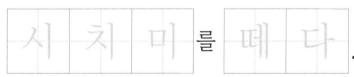

시치미를 떼다: 자기가 하고도 하지 않은 체 하거나 알고 있으면서도 모르는 체 하다.

3단원 내용을 살펴요

2 사물을 설명하는 글 쓰기

✏ 사물을 설명하는 글을 쓸 때에는 먼저 설명하고 싶은 대상을 정해요. 그리고 그 대상의 특징이 잘 드러나도록 글을 씁니다.

판다의 특징은…….

'대상'이란 글에서 설명하는 물건이나 사람 등을 가리켜요.

사물을 설명하는 글을 쓸 때에는 읽는 사람이 궁금해할 내용을 써요. 그리고 설명하는 대상에 대해 알 수 있도록 여러 가지 특징을 자세하게 설명하면 좋아요.

1 한이가 설명하는 글을 쓰려고 대상의 특징을 떠올리고 정리했어요. 무엇을 설명하는지 생각하며 낱말을 따라 쓰세요.

• 바 퀴 가 보통 두 개 달려 있어요.

• 사람이 직접 발로 페 달 을 밟아서 움직여요.

• 안전을 위해서 헬 멧 을 쓰고

타야 해요.

자전거를 설명하는 글을 쓸 거예요.

2 각 풍선 묶음에 있는 그림을 모두 포함하는 말을 찾아 선으로 잇고, 낱말을 따라 쓰세요.

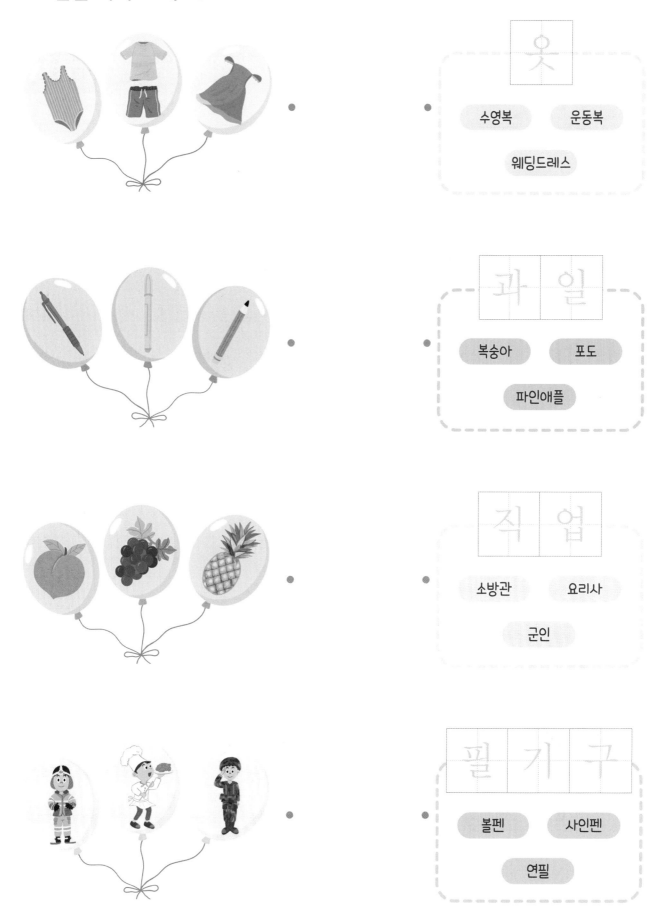

3 솔이와 준이가 각각 장소를 설명하는 글을 쓰려고 여러 장소들을 떠올렸어요. 낱말을 따라 쓰세요.

장소와 관련 있는 '-관'자와 '-장'자가 들어간 낱말을 따라 쓰세요.

4 옷차림을 설명하는 글을 읽으며, 낱말을 따라 쓰세요.

날씨가 [더][울] 때에는

두께가 [얇][고] 길이가 [짧][은] 옷을 입어요.

햇빛을 [피][하][기] 위해 모자를 [쓰][기][도] 해요.

날씨가 [추][울] 때에는

두께가 [두][껍][고] 소매가 [긴] 옷을 입어요.

귀마개를 하거나 장갑을 [끼][면] 도움이 되어요.

4단원 마음을 전해요

글쓴이의 마음 파악하기

상황에 따라 사용하는 문장의 종류가 달라져요. 말풍선 속 빨간색 글자와 문장 부호를 살펴보며, 각 상황에 어떤 문장을 사용해야 하는지 알아보세요.

우리들은 2학년입니다.

설명하는 문장

다음 쉬는 시간에 나랑 같이 공기놀이할래?

그래, 좋아.

묻는 문장

눈이 펑펑 왔구나!

감탄하는 문장

무엇을 설명하거나 생각을 나타내는 문장에는 마침표(.)를,
무엇인가를 물어보는 문장에는 물음표(?)를,
기쁨, 슬픔, 놀람처럼 강한 느낌을 나타내는 문장에는 느낌표(!)를 사용해요.

1 문장의 종류를 알고, (   )에 들어갈 말과 문장 부호를 따라 쓰세요.

이가
(   )

감탄하는 문장

| 아 | 파 | 요 | ! |

공연이
몇 시에
(   )

묻는 문장

| 시 | 작 | 하 | 나 | 요 | ? |

저녁에
피자를
(   )

설명하는 문장

| 먹 | 을 | 거 | 예 | 요 | . |

2 그림의 상황을 문장으로 표현했어요. 낱말을 따라 쓰고, 알맞은 문장의 종류를 찾아 ○표 하세요.

친구를 초 대 했어요.

→ (설명하는, 묻는, 감탄하는) 문장

어디를 치 료 해 줄까요?

→ (설명하는, 묻는, 감탄하는) 문장

두 작품을 전 시 했어요.

→ (설명하는, 묻는, 감탄하는) 문장

박물관 관 람 은 정말 즐거웠어요!

→ (설명하는, 묻는, 감탄하는) 문장

3 솔이가 우체국에 가는 방법을 물어보았어요. 엄마의 설명을 살펴보며 낱말을 따라 쓰세요.

엄마, | 우 | 체 | 국 | 이 어디 있나요?

〈우체국 가는 길〉

은행

우체국

집

우체국은 집에서 | 가 | 까 | 워 |.

우선 우리 집에서 나간 후, 왼쪽 방향으로 쭉 걸어가. 그리고

첫 번째 | 모 | 퉁 | 이 | 를 왼쪽으로 돌면 우체국이

모퉁이: 구부러지거나 꺾여 돌아간 자리.

보인단다. 우체국 옆에는 은행이 있어.

편지를 무사히 | 부 | 치 | 고 | 집으로 돌아오렴.

너무 걱정하지 마. 솔이는 잘 | 다 | 녀 | 올 | 수 있어!

4 준이가 누나에게 쓴 편지입니다. 준이의 마음을 생각하며 낱말을 따라 쓰세요.

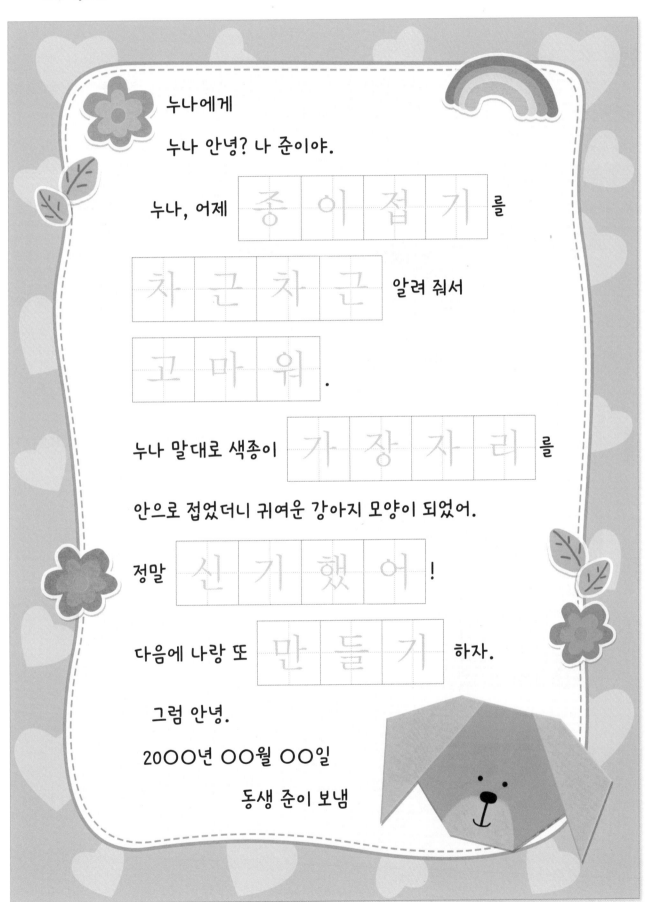

누나에게

누나 안녕? 나 준이야.

누나, 어제 종이접기를

차근차근 알려 줘서

고마워.

누나 말대로 색종이 가장자리를

안으로 접었더니 귀여운 강아지 모양이 되었어.

정말 신기했어!

다음에 나랑 또 만들기 하자.

그럼 안녕.

20○○년 ○○월 ○○일

동생 준이 보냄

4단원 마음을 전해요

인물에게 마음 전하기

이야기에서 인물이 처한 상황, 말이나 행동을 살펴 인물의 마음을 짐작해 보세요. 또 인물에게 전하고 싶은 생각을 떠올려 보고, 이야기 속 인물에게 자신의 생각을 전해 보세요.

1 「소금 장수와 기름 장수」이야기를 읽고 각 인물의 마음을 짐작했어요. 마음을 나타내는 말을 따라 쓰세요.

 :

호랑이 배 속에서 만나 서로

반 가 워 하 다 .

 :

배 속이 불에 타는 것처럼 뜨거워서

괴 롭 다 .

2 친구들이 이야기 속 인물의 행동을 따라하며 마음을 짐작했어요. 자연스러운 문장이 되도록 어울리는 말끼리 선으로 잇고, 따라 쓰세요.

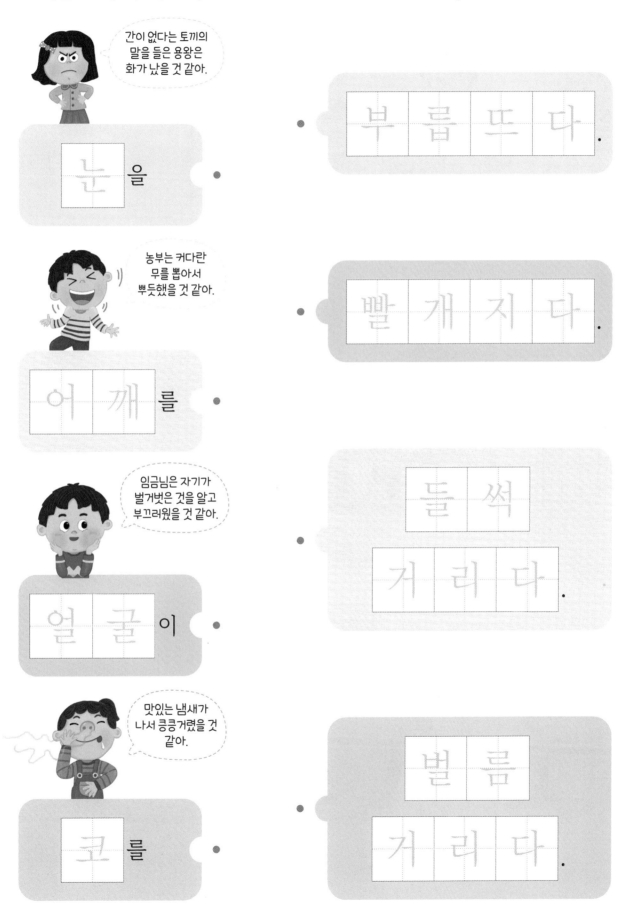

간이 없다는 토끼의 말을 들은 용왕은 화가 났을 것 같아.

눈 을

부릅뜨다.

농부는 커다란 무를 뽑아서 뿌듯했을 것 같아.

어 깨 를

빨개지다.

임금님은 자기가 벌거벗은 것을 알고 부끄러웠을 것 같아.

얼 굴 이

들썩
거리다.

맛있는 냄새가 나서 킁킁거렸을 것 같아.

코 를

벌름
거리다.

3 말풍선 속 빨간색 낱말과 뜻이 비슷한 말을 찾아 ○표 하고, 빈칸에 쓰세요.

몸을 앞으로 쭉 굽히세요.

구부리다

일어나다

굽히다 —

울음을 그치면 맛있는 곶감을 줄게.

멈추다

생기다

그치다 —

우리 모두 힘을 합쳐 청소를 깨끗이 하자.

나누다

모으다

합치다 —

4 「냄새 맡은 값」 이야기의 등장인물인 최 서방의 고민 글을 읽고, 인물에게 하고 싶은 말을 전하였어요. 낱말을 따라 쓰세요.

안녕하세요?

저는 최 서방이라고 해요.

며칠 전에 장터에 있는 〈구두쇠 영감 국밥집〉 앞을 지나가면서

잠깐 국밥 | 냄 | 새 | 를 | 맡 | 았 | 어 | 요 |.

그런데 주인인 구두쇠 영감이 냄새 맡은 값을 내라고 하네요.

정말 | 어 | 처 | 구 | 니 | 없 | 어 | 요 |.

어처구니없어요: 너무 뜻밖의 일을 당해서 기가 막히는 듯해요.
좋은 해결 방법 없을까요?

최 서방님, 고민이 많으셨을 것 같아요.

정말 | 억 | 울 | 하셨겠어요.

주인의 성격이 아주 | 고 | 약 | 하 | 네 | 요 |.

냄새 맡은 값으로 엽전 소리를 | 들 | 려 | 주 | 고 |,

값을 | 치 | 렀 | 다 | 고 | 말해 보세요.

제 답변이 도움이 되길 바라요.

1. 바른 말 사용하기

5단원 바른 말로 이야기 나누어요

대화를 하거나 글을 쓸 때에는 각 상황에 알맞은 바른 말을 써야 합니다. 특히 잘못 사용하기 쉬운 낱말의 정확한 뜻을 생각하며 상황에 따라 구분해서 써야 해요.

풍선을 가리키다.

공부를 가르치다.

'가리키다'와 '가르치다'는 잘못 사용하기 쉬운 낱말로, '가리키다'는 어떤 대상을 가리키는 것이고, '가르치다'는 지식이나 기술 등을 알려 주는 것이에요.

1 친구들이 그림을 보고 문장을 만들었어요. (   )에 들어갈 알맞은 낱말을 따라 쓰세요.

공원에 산책을
(   ).

갔다

두 사람은 신발이
(   ).

같다

하루 종일 배를
(   ).

주리다

소매 길이를
(   ).

줄이다

2 그림의 내용을 문장으로 표현하려고 해요. 헷갈리기 쉬운 낱말을 바르게 구분하여 (   )에서 찾아 ○표 하고, 빈칸에 쓰세요.

사진 색이
(바라다, 바래다).

형의 우승을
(바라다, 바래다).

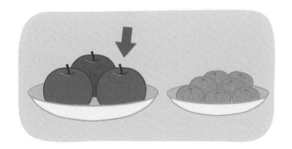

사과는 귤보다
개수가 (작다, 적다).

토끼는 호랑이보다
몸집이 (작다, 적다).

물건값 계산이
(다르다, 틀리다).

서로 좋아하는 음식이
(다르다, 틀리다).

3 소리는 같지만 뜻이 다른 낱말을 따라 쓰세요. 그리고 각 문장에 쓰인 '빠지다'와 '부리다'의 알맞은 뜻을 찾아 선으로 이으세요.

물에 빠지다.

이가 빠지다.

박혀 있거나 끼워져 있던 것이 제자리에서 나오다.

물이나 구덩이 등의 속으로 떨어져 잠겨 들어가다.

소를 부리다.

도끼를 연못에 빠뜨리면 나도 착한 나무꾼처럼 산신령님께 금도끼를 받을 수 있겠지?

꾀를 부리다.

사람이나 짐승을 시켜 일을 하게 하다.

재주나 꾀 등을 피우다.

4 민이가 즐거운 학교생활을 위해 지켜야 할 일에 대해 쓴 글을 선생님께서 고쳐 주셨어요. 바르게 고쳐 쓴 낱말을 확인하고, 따라 쓰세요.

		즐	거	운		학	교	생	활	을		위	해	
복	도	에	서	는		띠	지		말	아	요	.		다
른		친	구	와		부	딛	치	거	나		넘	어	
져	서		다	칠		수		있	기		때	문	이	
에	요	.		그	리	고		복	도	에	서	는		시
꾸	럽	게		소	리	를		질	르	지		말	아	
요	.		다	른		친	구	들	에	게		방	해	가
될		수		있	어	요	.							

- 띠지 → 뛰지

- 부딛치거나 → 부딪치거나

- 시꾸럽게 → 시끄럽게

- 질르지 → 지르지

5단원 바른 말로 이야기 나누어요

일이 일어난 차례대로 이야기하기 ①

일이 일어난 차례는 시간을 나타내는 말을 사용하여 나타낼 수 있어요. '아침', '점심', '저녁'과 같은 시간을 나타내는 말에 따라 일이 일어난 차례를 정리해 보세요.

아침에는
갯벌에 도착했어요.

점심에는
조개를 캤어요.

저녁에는 조개가 든
칼국수를 먹었어요.

공간의 변화에 따라 인물이 한 말과 행동을 중심으로
일이 일어난 차례를 정리해 볼 수도 있어요.

1 일이 일어난 차례를 생각하며, 시간을 나타내는 말을 따라 쓰세요.

 에는 초등학교에 입학했어요.

작년: 지금 지나가고 있는 해의 바로 전 해.

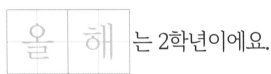 는 2학년이에요.

올해: 지금 지나가고 있는 이 해.

3학년이 되는 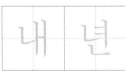 에는 꼭 학급 회장이

되고 싶어요.

내년: 올해의 바로 다음 해.

2 시간을 나타내는 말을 찾으며 문장을 읽어 보세요. 그리고 바르게 쓴 낱말을 ( )에서 찾아 ○표 하고, 빈칸에 쓰세요.

민이는 (훈날, 훗날)
경찰이 되는 것이 꿈이에요.

훗날: 시간이 지나고 앞으로 올 날.

용이는 아까
(휘바람, 휘파람)
부는 법을 연습했어요.

찬이는 지금
호수 (둘래, 둘레)의
산책로를 걷고 있어요.

영이는 오늘 사고가 나서
차가 (쭈구러진, 쭈그러진)
것을 보았어요.

3 농촌 체험을 간 용이가 겪은 일을 차례대로 정리하여 이야기했어요. 알맞은 꾸며 주는 말을 따라 쓰세요.

밭에서 감자를 상처가 나지 않도록

 캤어요.

숙소로 돌아와 깨끗이 씻은 감자를 솥에 찌자,

구수한 냄새가  풍겼어요.

부엌에서 김이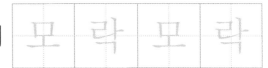

나는 감자를 그릇에 담았어요.

마당에 앉아 잘 익은 감자를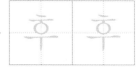

불어 맛있게 먹었어요.

4 뜻이 여러 가지인 낱말을 따라 쓰고, 사다리를 타고 내려가 각 문장에 쓰인 '불다'와 '뿌리다'의 뜻을 알아보세요.

입김을 불 다 .

바람이 불 다 .

입으로 숨을 내쉬어 입김을 내거나 바람을 일으키다.

바람이 일어나서 어느 방향으로 움직이다.

비를 뿌 리 다 .

씨를 뿌 리 다 .

눈이나 비 등이 날려서 떨어지다.

곳곳에 흩어지도록 던지거나 떨어지게 하다.

2 낱말을 따라 쓰고, 비슷한 뜻을 가진 낱말을 찾아 선으로 이으세요.

3 일이 일어난 차례를 생각하며 이야기를 읽고, 낱말을 따라 쓰며 문장을 완성해 보세요.

어느 가을날 한 청년이 마을에 이 사 를 왔어요.

그는 마을이 너무 황 량 하 다 고 생각했어요.
황량하다고: 거칠고 쓸쓸하다고.
그래서 마을 곳곳에 꽃씨를 뿌렸어요.

청년의 행동을 쭉 지 켜 보 던 마을 사람들은

그를 도와 함께 꽃씨를 뿌리기 시작했어요.

가을날, 겨울, 봄날, 여름 등의 시간을 나타내는 말을 살펴보며 일이 일어난 차례를 생각해 보세요.

가을이 지나고 겨울이 지나 　싱　그　러　운　 봄날이 다시

싱그러운: 싱싱하고 맑으며 향기로운.

찾아왔어요. 마을 곳곳에는 예쁜 꽃들이 잔뜩 피어났어요.

여름이 되자 꽃이 더욱 　만　발　했　어　요　.

만발했어요: 꽃이 활짝 다 피었어요.

사람들은 서로서로 힘을 합쳐 마을을 더욱 아름답게

　가　꾸　었　어　요　.

1. 글과 그림으로 표현된 매체에 흥미와 관심 가지기

🔖 공익 광고, 만화, 그림책 등의 매체 자료는 글과 그림을 관련지으며 읽어야 합니다. 글과 그림을 관련지어 읽으면 매체의 내용을 더욱 쉽게 이해할 수 있어요.

1 글과 그림을 관련지으며 만화를 읽어 보세요. 그리고 **1**~**3**에 들어갈 문장을 찾아 선으로 잇고, 낱말을 따라 쓰세요.

1 •   • 당 장 늑대를 잡으러 갑시다.

2 •   • 정말 따 분 해 . 장난 좀 쳐 볼까?

3 •   • 큰 일 이 났어요. 늑대가 나타났어요.

2 온라인 대화에서는 그림말을 사용하여 생각이나 느낌을 표현할 수 있어요. 각 그림말이 나타내는 생각이나 느낌을 생각하며 낱말을 따라 쓰세요.

뒤숭숭하다: 느낌이나 마음이 어수선하고 불안하다.

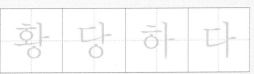

황당하다: 말이나 행동 등이 진실하지 않고 터무니없다.

괘씸하다

괘씸하다: 기대나 믿음에 어긋나는 못마땅한 행동을 하여 밉살스럽다.

흡족하다: 조금도 모자람이 없을 정도로 넉넉하여 만족하다.

3 그림의 상황에 알맞은 낱말을 따라 쓰며, 그림책의 내용을 완성하세요.

먹다 남긴 우유를 싱크대에 　부　어　 버리는 것,

샴푸를 　과　도　하　게　 사용하는 것,

과도하게: 정도가 지나치게.

모두 물을 　오　염　 시키는 행동이에요.

물을 　틀　어　놓　은　 채로 양치하는 것,

빨래를 여러 번 나누어 　돌　리　는　 것,

모두 물을 　낭　비　 하는 행동이에요.

우유와 같은 음료수는 먹을 만큼만 덜 어 먹어요.

샴푸는 되 도 록 적게 사용해요.

되도록: 될 수 있는 대로.

양치를 할 때는 컵에 물을 받 아 서 써요.

빨래는 최 대 한 모아서 한 번에 돌려요.

우리 모두 물을 아끼고 절 약 해 요.

2 6단원 매체를 경험해요

자신의 경험을 매체와 연결 지어 표현하기

학교 누리집과 같은 우리 주변의 매체에 흥미와 관심을 가졌던 기억을 떠올려 보고, 자신의 경험을 매체와 연결 지어 글과 그림으로 표현해 보세요.

학교 누리집에서 오늘의 식단을 볼 수 있고, 가정 통신문도 확인할 수 있구나.

누리집은 우리가 자주 사용하는 인터넷 홈페이지의 순우리말이에요.

누리집에 게시물을 올릴 때에는 그림이나 사진이 글의 내용과 잘 어울리는지, 다른 사람이 궁금해할 만한 내용인지 생각해야 해요.

1 영이가 어린이박물관에 가기 전에 누리집을 살펴보았어요. 영이가 알게 된 내용을 생각하며 낱말을 따라 쓰세요.

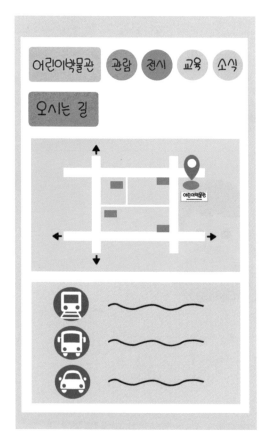

- 위 치

- 대한특별시 미래구 달달로 20(달달동 321번지)

- 대 중 교 통 이용 시

🚇 지하철
△호선 어린이박물관역 3번 출구(도보 5분)

🚌 버스
123번, 45번(어린이박물관 정류장에서 하차)

2 친구들이 다음 광고를 보고 알게 된 내용에 대해 말하고 있어요. 광고에서 알맞은 낱말을 찾아 빈칸에 쓰세요.

미래동 어린이를 위한
어린이 마술 공연

2○○○년 l0월 9일 (토) 오후 2시
미래동 어린이 소극장

※본 공연의 관람료는 무료이며 미리 예약을 해야 공연을 볼 수 있습니다.
※문의: 미래동 행정 복지 센터(○○○-△△△-XXXX)

민이   찬이   영이   용이

민이: ☐☐☐ ☐☐☐ 시작 시간은 오후 2시예요.

찬이: 장소는 미래동 어린이 ☐☐☐☐ 이에요.

영이: ☐☐☐☐ 는 무료예요.

용이: 미리 ☐☐ 을 해야 공연을 볼 수 있어요.
궁금한 점은 미래동 행정 복지 센터에 물어보세요.

3 민이가 동영상을 찍어 자신이 좋아하는 책을 소개하고 있어요. 낱말을 따라 쓰세요.

오늘은 제가 　가　장　 좋아하는 책인 『오즈의 마법사』를 소개할 거예요.

도로시라는 소녀가 집으로 돌아가기 위해 　모　험　 을 하는 이야기예요.

도로시는 허수아비와 양철 나무꾼, 사자와 　함　께　 길을 떠나요.

이야기가 궁금하다면 　직　접　 책을 읽어 보면 어떨까요?

 합니다!

4 찬이가 학급 누리집에 우리 반에서 있었던 일을 소개하는 게시물을 올렸어요. 찬이가 어떤 내용을 소개했는지 낱말을 따라 쓰며 확인해 보세요.

○ 학급 열기

고운 말 쓰기 역할 놀이

작성자: 김찬이

☰ 글 목록

〈 이전 다음 〉

우리 반은 어제 고운 말 쓰기 역할 놀이를 했어요.

역할 놀이가 끝난 후 친구들은 나쁜 말을 들을 때에는 상처 를 받았지만,

고운 말을 들으니 기분이 좋았다고 대답했어요.

그래서 앞으로 말을 하기 전에 상대의 마음과 기분 을 생각하며

고운 말을 사용하자고 약속했어요.

앞으로 약속 을 잘 지켜서 따뜻한 우리 반이 되면 좋겠어요.

1. 글쓴이의 생각 파악하기 ①

글쓴이의 생각을 파악하기 위해서는 글의 제목을 살펴보거나, 글 속의 작은 글들에 포함된 중심 생각을 찾아보세요. 그리고 자신의 생각과 비교해 보세요.

〈외출 후에는 손을 반드시 씻자〉

외출 후에 집에 들어오면 손을 반드시 씻어야 합니다.

바깥에서 여러 곳을 다니고, 여러 물건을 만지고 난 후 손에 많은 세균이 달라붙어 있기 때문입니다. 이렇게 더러워진 손을 씻지 않으면 감기나 눈병 등에 걸릴 수 있습니다.

비누 거품을 충분히 내어 올바른 방법으로 손을 씻어 건강을 지킵시다.

> 글쓴이는 외출 후에 손을 반드시 씻자고 말하고 있어요.

> 글쓴이의 생각을 파악하며 글을 읽으면 글쓴이가 글을 통해 하고 싶은 말이 무엇인지 알 수 있어요.

1 다음 낱말을 따라 쓰며, 글쓴이의 생각을 파악해 보세요.

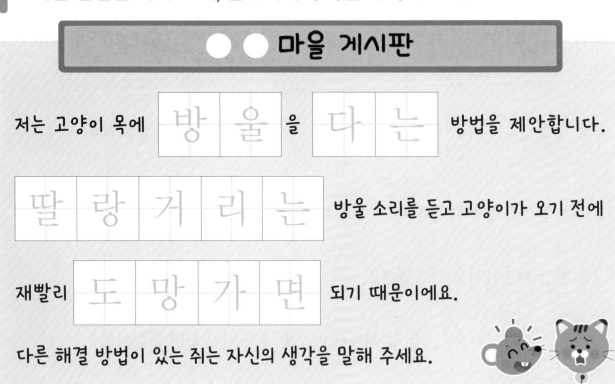

● ● 마을 게시판

저는 고양이 목에 | 방 | 울 |을| 다 | 는 | 방법을 제안합니다.

| 딸 | 랑 | 거 | 리 | 는 | 방울 소리를 듣고 고양이가 오기 전에

재빨리 | 도 | 망 | 가 | 면 | 되기 때문이에요.

다른 해결 방법이 있는 쥐는 자신의 생각을 말해 주세요.

2 공원을 이용할 때 지켜야 할 점들을 살펴보며, 낱말을 따라 쓰세요.

공원 이용 안내

 공원 시설이나 나무를  훼 손 하지 마세요.

 반려동물의  배 설 물 은 수거해 주세요.

 쓰레기는 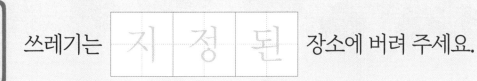 지 정 된 장소에 버려 주세요.

 한밤중(22시~07시)에는 주변 이웃들을 위하여

공원 이용을 자 제 해 주세요.

 유아(6세 미만)는  보 호 자 와 함께

이용해 주세요.

3 다음 낱말과 뜻이 서로 비슷한 말을 찾아 ○표 하고, 빈칸에 쓰세요.

어지르다

정리하다

치우다 —

기르다

자라다

키우다 —

덜렁대다

우쭐대다

뽐내다 —

4 용이가 자신이 겪은 일에 대한 생각을 썼어요. 용이의 생각을 파악하며, 낱말을 따라 쓰세요.

어제 엘리베이터에서 　아　랫　집　 강아지를 마주쳤어요.

강아지는 저를 향해 왈왈 　사　납　게　 짖었어요.

옛날에 개에게 　물　린　 기억이 떠올라서 눈물이 났어요.

저처럼 개를 무서워하는 사람은 이런 상황이 생길 때마다

아주 큰 　공　포　 를 느껴요.

여러 사람이 함께 이용하는 　공　공　장　소　 에서는 꼭

반려견과 관련된 　에　티　켓　 을 지켜 주시면 좋겠어요.

에티켓: 프랑스어로 예의범절을 뜻함.

7단원 내 생각은 이래요

1. 글쓴이의 생각 파악하기 ②

1 그림을 보고 문장을 만들었어요. 그림에 알맞은 낱말을 (   )에서 찾아
○표 하고, 빈칸에 바르게 쓰세요.

솔솔 부는
바람이 (막막하다, 상쾌하다).

→

친구와 싸워서 아직 사이가
(서먹하다, 친근하다).

→

발표 차례가 다가오자
마음이 (태평하다, 초조하다).

→

2 친구들이 과자 먹기 게임을 하고 있어요. 점선을 따라 (   )에 들어갈 낱말이 쓰인 과자를 이어 보고, 빈칸에 알맞은 낱말을 쓰세요.

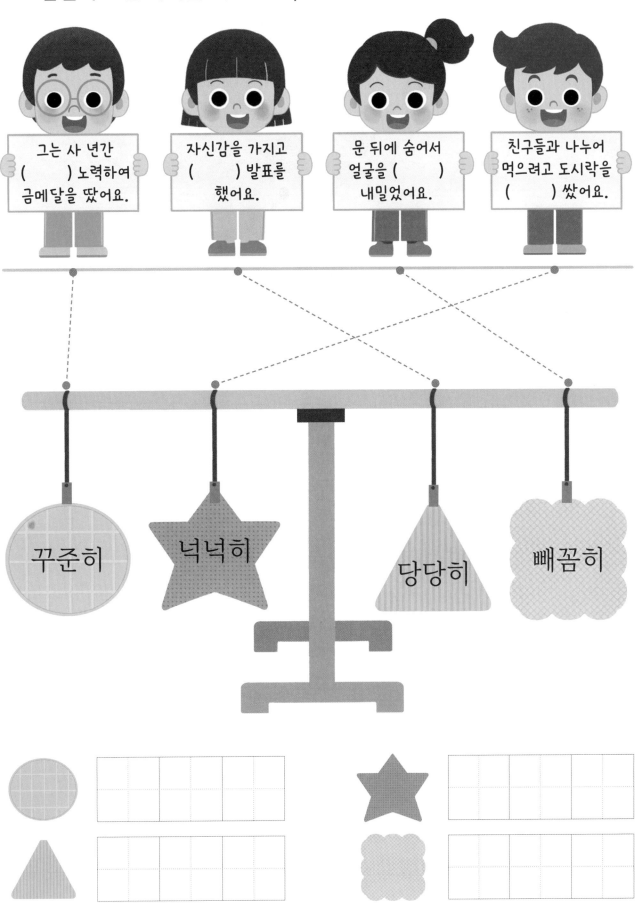

그는 사 년간 (   ) 노력하여 금메달을 땄어요.

자신감을 가지고 (   ) 발표를 했어요.

문 뒤에 숨어서 얼굴을 (   ) 내밀었어요.

친구들과 나누어 먹으려고 도시락을 (   ) 쌌어요.

꾸준히

넉넉히

당당히

빼꼼히

3 영이의 생각을 파악하며 글을 읽고, 낱말을 따라 쓰세요.

안녕하세요? 저는 2학년 3반 유영이예요.

저는 아침에 달리기 를 하자는 생각을 전하고 싶어요.

아침에 달리기를 해 보니, 좋은 점이 참 많기 때문이에요.

아침에 달리기를 하면 더 건강 해져요. 체력 도

좋아지고, 몸무게를 조절 하는 데에도 도움이 되지요.

그리고 무엇보다 시원한 아침 공기 때문에 기분이 좋아요.

이렇게 장점 이 많은 아침 달리기를 같이 해 보아요.

4 영이의 글을 읽은 찬이가 자신의 생각을 발표하고 있어요. 낱말을 따라 쓰며 찬이의 생각을 알아보세요.

글을 읽고 글쓴이와 다른 생각을 떠올릴 수도 있어요.

영이의 글을 읽고 아침 달리기의 장점을 알게 되었어요.

그런데 저는 아 침 잠 이 많아서, 아침에는 운동을 하기

아침잠: 아침에 늦게 자는 잠.

힘들 것 같아요.

대신 저녁에 가족들과 배 드 민 턴 을 치려고 해요.

함께 셔틀콕을 주고받으며 온 몸 을 움직이면,

아침에 달리기를 하는 것만큼 건강해질 것이라고 생각해요.

또한 배드민턴은 팀을 이루어 할 때도 있기 때문에 협 동 심 도

협동심: 서로 마음과 힘을 하나로 합하려는 마음.

기를 수 있을 거예요.

2. 자신의 생각을 글로 쓰기

자신의 생각을 글로 표현하면 생각을 정리해서 나타낼 수 있어요. 생각에 대한 까닭, 경험이나 알고 있는 것, 느낌 등을 포함하여 자신의 생각을 글로 표현해 보세요.

'문을 잘 닫고 다니자'는 학급 규칙을 만들어요. 문을 닫지 않고 다니면 문 앞에 앉는 학생이 매번 문을 닫아야 해서 불편할 수 있기 때문이에요.

생각을 말이나 글로 나타낼 때는 예의 바른 표현을 사용하고, 자신의 생각을 잘 나타낼 수 있는 낱말을 사용해요.

1 낱말을 따라 쓰며 아기 돼지 삼 형제가 각각 어떤 생각을 가지고 집을 지었는지 파악해 보세요.

첫째 돼지: 저는 가벼운 | 지 | 푸 | 라 | 기 | 를

얼기설기 엮어 빠르게 집을 지었어요.

둘째 돼지: 저는 산속에서 구하기 쉬운

| 나 | 무 | 를 대충 쌓아 집을 지었어요.

셋째 돼지: 저는 단단하고 무거운 | 벽 | 돌 | 로

튼튼하게 집을 지었어요.

2 그림을 보고 친구들이 자신의 생각을 표현했어요. 알맞은 낱말을 낱말 판에서 찾아 써서 문장을 완성하세요.

> **낱말판**
>
> 바깥, 생명, 소음, 중독, 걷자, 삼가자, 정하자, 착용하자

층간 ☐☐ 이 일어나지 않도록

집 안에서는 사뿐사뿐 ☐☐ .

스마트폰에 ☐☐ 되지 않도록

사용 시간을 ☐☐☐ .

황사가 심한 날에는 ☐☐ 활동이나

외출을 ☐☐☐ .

차를 탈 때는 우리의 ☐☐ 을 지켜 주는

안전띠를 꼭 ☐☐☐☐ .

3 선생님의 질문에 친구들이 자신의 생각을 댓글로 남겼어요. 낱말을 따라 쓰며 친구들이 나눈 생각을 살펴보세요.

학교 뒤 뜰 에 다양한 것들을 심어서 꾸미려고 해요. 여러분의 생각은 어떤가요?

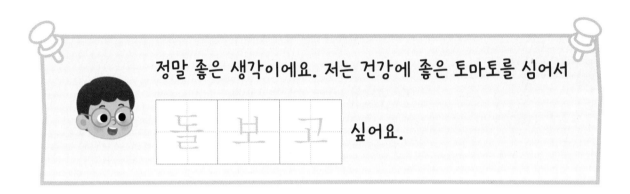

정말 좋은 생각이에요. 저는 건강에 좋은 토마토를 심어서

돌 보 고 싶어요.

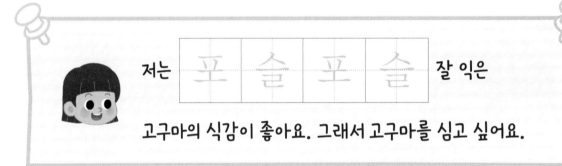

저는 포 슬 포 슬 잘 익은

고구마의 식감이 좋아요. 그래서 고구마를 심고 싶어요.

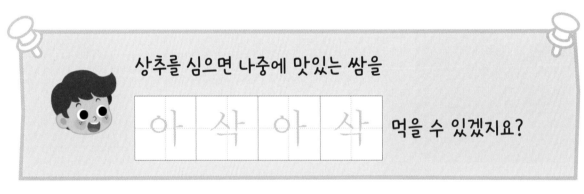

상추를 심으면 나중에 맛있는 쌈을

아 삭 아 삭 먹을 수 있겠지요?

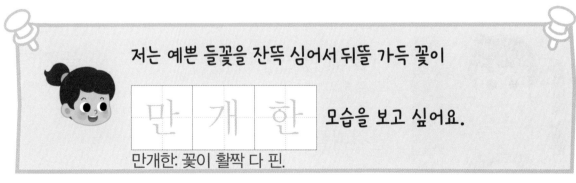

저는 예쁜 들꽃을 잔뜩 심어서 뒤뜰 가득 꽃이

만 개 한 모습을 보고 싶어요.

만개한: 꽃이 활짝 다 핀.

4 다음 글을 읽고 찬이가 포스터를 그려 자신의 생각을 표현했어요. 낱말을 따라 쓰세요.

갑자기 불이 나면 놀라서 대처하기 어려워요.

불이 났을 때 다음 내용을 꼭 지켜서 행동하세요.

• 크게 소리를 지르거나 비상벨을 눌러 불이 났음을 알리고, 119에 신고해요.

• 계단을 이용하여 대피해요.

• 수건으로 입과 코를 막고, 몸을 낮춰 이동해요.

포스터를 그려서 불이 났을 때 대처 방법을 알려야겠어.

시나 노래 창작하기

자신의 경험을 바탕으로 시나 노래를 감상하면 느낀 점을 더 생생하게 표현할 수 있어요. 또 자신의 경험을 시나 노래로 표현하여 다른 사람에게 전할 수도 있어요.

1 영이가 노래를 듣고 자신의 경험을 떠올렸어요. 낱말을 따라 쓰세요.

'눈 위에 나란히 예쁜 | 발 | 자 | 국 |'이라는 노랫말을 들으니,

눈이 내려 | 새 | 하 | 애 | 진 | 길에서 | 뽀 | 드 | 득 |

눈을 밟으며 동생과 발 도장을 | 남 | 겼 | 던 | 기억이 났어요.

2 ( )에 들어갈 알맞은 말을 낱말판에서 모두 찾아 색칠하고, 빈칸에 알맞게 쓰세요.

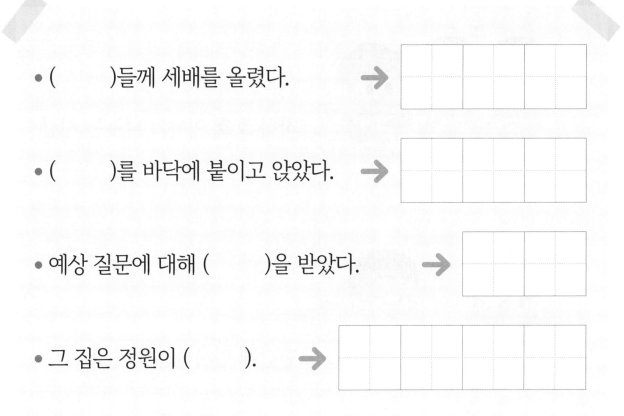

- ( )들께 세배를 올렸다. →

- ( )를 바닥에 붙이고 앉았다. →

- 예상 질문에 대해 ( )을 받았다. →

- 그 집은 정원이 ( ). →

낱말판

윗어른	웃어른	궁덩이	귀뜸
궁뎅이	궁둥이	귀띰	널따라타
귀띔	넓다랗다	널따랗다	우더른

3 친구들이 자신의 경험을 떠올려 보고 이를 노랫말로 바꾸어 표현했어요. 낱말을 따라 쓰세요.

 모여

하하 호호 이야기 나누는 시간

 웃으며

반갑게 인사하는 등굣길

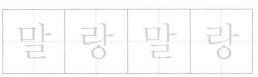 보드라운 내 동생 볼을 콕콕

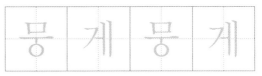 피어난

구름도 둥실둥실

4 찬이가 간지럼을 참았던 경험을 떠올리며 시를 썼어요. 낱말을 따라 쓰며 시화를 완성해 보세요.

〈간지럼〉

간질간질  공격

 해

 해

다짐해도 결국

움직이는 입꼬리

꼼질꼼질

발버둥 치는 발가락

오늘도 난

간지럼  실패

2 이어질 이야기 상상하기 ①

이어질 이야기를 상상할 때에는 이야기의 흐름을 생각하여 어떤 일이 이어질지 생각해야 해요. 또 인물들의 말과 행동을 주의 깊게 살피며 인물의 특징과 성격도 고려해요.

아빠 개구리가 계속 무리해서, 결국 배가 펑 터지고 말았을 것 같아.

이야기의 흐름이 자연스러운지 생각하며 친구들이 상상한 이야기를 들어요.

1 이야기의 흐름을 생각하며 이어질 이야기를 상상하여 썼어요. 낱말을 따라 쓰세요.

하늘이 | 어 | 둑 | 해 | 지고 바람이 불었어요.

↓

곧 비가 | 쏟 | 아 | 지 | 기 | 시작했어요.

↓

온몸이 | 흠 | 뻑 | 젖은 채로 집에 도착했어요.

2 친구들이 이야기를 읽고 각 등장인물에 대해 설명하고 있어요. 등장인물의 성격으로 알맞은 것을 찾아 선으로 잇고, 낱말을 따라 쓰세요.

베짱이는 아무
걱정 없이 느긋하게
지냈어요.

다람쥐는 매일매일
나무가 잘 자라도록
열심히 돌보았어요.

여우는 하루에도
수십 번 마음이
뒤바뀌어요.

호랑이는 다른 동물을
만나는 것이 무서워서
집에만 있어요.

겁 이 많 다 .

여 유 를
부 리 다 .

변 덕 이
심 하 다 .

책 임 감 이
강 하 다 .

3 민이가 이야기를 읽고 있어요. 낱말을 따라 쓰며 이야기의 흐름을 살펴
보세요.

엄마가 시장에 가셔서 언니가 혼자 동생을 돌보고 있어요.

동생이 졸린지 칭얼거려요.

잠을 재워야 할 것 같네요.

동생은 토끼 인형을 만지면서 자는 버릇이 있어요.

앗, 어떡하죠?

토끼 인형이 축축하게 젖은 채 건조대에

걸려 있어요.

엄마가 아침에 빨래를 하셨나 봐요.

뒤에 이어질
이야기를 상상해서
써 볼래!

4 민이가 이야기를 읽은 후 이어질 이야기를 상상해서 쓰고 발표했어요.
낱말을 따라 쓰며 민이가 상상한 이야기를 완성하세요.

칭얼대는 동생을 달 래 기 위해

언니는 자 장 가 를 불러 주었어요.

동생이 잠들 때까지 언니의 노 랫 소 리 가

끊이지 않았어요.

동생은 비록 인형을 만 지 작 거 릴 수는 없었지만,

언니의 노래와 토 닥 토 닥 하는 손길에

새 근 새 근 잠들었어요.

2. 이어질 이야기 상상하기 ②

1 상황 카드를 보고 인물의 행동을 상상하여 표현했어요. 낱말을 따라 쓰며 문장을 완성하고, 알맞은 행동의 기호를 찾아 선으로 이으세요.

추워서 몸을 덜덜  ．　　　　・　　　　・ ㉠

머리를 도리도리 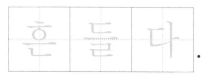 ．　　　　・　　　　・ ㉡

문을 똑똑  ．　　　　・　　　　・ ㉢

믿을 수 없어서 눈을  ．　　　　・　　　　・ ㉣

2 일이 일어난 차례를 생각하며 낱말을 따라 쓰고, 그림에 알맞은 번호를 쓰세요.

① 택배 가 오늘 도착한다고 알림이 왔어요.

② 오후 4시쯤 문 앞에 상자가 놓여 있었어요.

③ 택배는 이모께서 보내 주신 생일 선물 이었어요.

④ 택배 상자를 정리하여 버린 후, 이모께 감사의

마음을 담아 문자 메시지를 보냈어요.

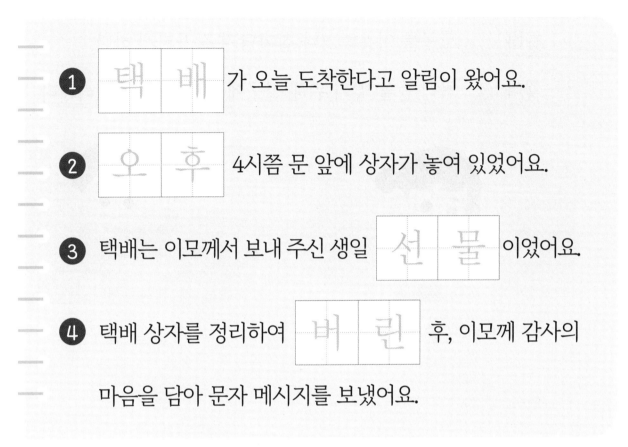

( )   ( )

( )   ( )

3 '찢다'와 '찧다', '살지다'와 '살찌다'는 헷갈리기 쉬운 낱말이에요. 낱말의 뜻을 알아보고, 문장에 알맞은 낱말을 따라 쓰세요.

찢다   도구를 이용하거나 잡아당겨 갈라지게 하다.

찧다   곡식 등을 빻기 위해 절구에 넣고 공이로 내리치다.

못 쓰는 종이를

마늘을 절구에

살지다   살이 많고 튼실하다.

살찌다   몸에 살이 필요 이상으로 많아지다.

어부가 잡은 물고기는 싱싱하고

바지가 작아질 정도로

4 용이가 시계의 제품 설명서를 읽어 보고 있어요. 낱말을 따라 쓰며 시계의 사용 방법을 알아보세요.

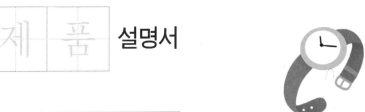

제품 설명서

제품명　시간을　되돌리는　시계

기능　부끄러운　기억　을 지우고 싶은가요?

그럼 이 시계로 시간을 되돌려 보세요.

당신의 과거를 바꿀 수 있는 기회입니다.

사용 방법

1. 시계를　왼쪽　손목에 찹니다.

2. 돌아가고 싶은 날짜와 시간을 힘껏 외칩니다.

주의 사항

- 오른쪽 손목에 차면 시계가 작동하지 않아요.

- 미래 로는 갈 수 없어요.

5 우리말에 원래 있던 낱말이나 그것을 활용해 새로 만든 낱말을 토박이 말이라고 해요. 토박이말을 따라 쓰고, 알맞은 그림을 선으로 이으세요.

밤하늘에 보이는

 가 멋져요.

미리내: 은하수를 이르는 말.

바다에 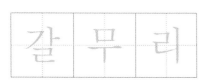 이 치고

있어요.

너울: 바다의 크고 사나운 물결.

밥을 먹은 자리를 깨끗이

 했어요.

갈무리했어요: 물건 등을 잘 정리하거나
간수했어요.

민이가  에 걸려서

고뿔: 감기를 이르는 말.

많이 아파요.

바른 답
모아 보기

6~7쪽

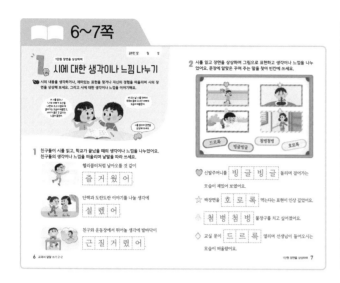

8~9쪽

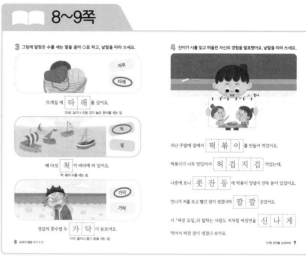

10~11쪽

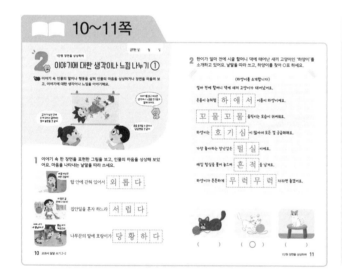

12~13쪽

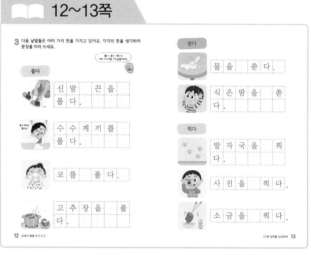

14~15쪽

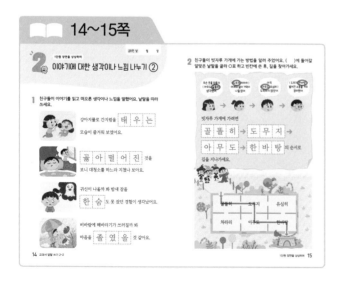

16~17쪽

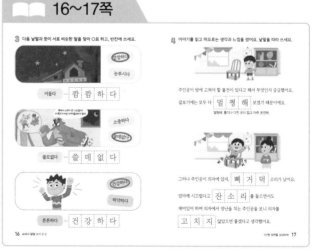

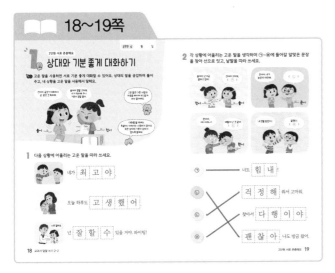

1. 상대와 기분 좋게 대화하기

1 다음 상황에 어울리는 고운 말을 따라 쓰세요.
네가 **최고야**
오늘 하루도 **고생했어**
넌 **잘 할 수** 있을 거야. 파이팅!

2 각 상황에 어울리는 고운 말을 생각하며 ㉠~㉣에 들어갈 알맞은 문장을 찾아 선으로 잇고, 낱말을 따라 쓰세요.
㉠ ───── 너도 **힘내**
㉡ ───── **걱정해** 줘서 고마워.
㉢ ───── 찾아서 **다행이야.**
㉣ ───── **괜찮아** 나도 방금 왔어.

3 그림을 살펴보고, 뜻이 서로 반대인 낱말을 따라 쓰세요.
잊다 ↔ **기억하다**
도와주다 ↔ **방해하다**
헤어지다 ↔ **만나다**
좋아하다 ↔ **싫어하다**

4 친구와 고운 말로 대화를 나누었던 경험을 떠올리며 준이의 일기를 읽고, 낱말을 따라 쓰세요.
오늘 프랑스에서 온 친구 폴이 **전학**을 갔다.
2학년이 되어서 함께한 **추억**이 많은데, 헤어지게 되어서 정말 **아쉽다.**
폴은 나에게 **그동안** 잘 챙겨 주어서 고맙다고 이야기했다.
앞으로도 자주 **연락**하기로 **약속했다.**
폴이 많이 **보고싶을** 것이다.

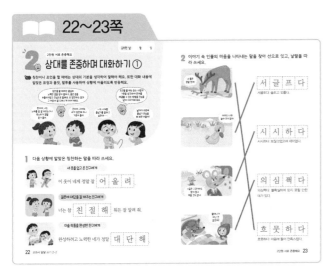

2. 상대를 존중하며 대화하기 ①

1 다음 상황에 알맞은 칭찬하는 말을 따라 쓰세요.
새 옷을 입은 친구에게
이웃이 네게 정말 잘 **어울려**
질문에 대답을 해주는 친구에게
너는 참 **친절해** 뛰든 잘 알려 줘.
미술 작품을 완성한 친구에게
완성하려고 노력한 네가 정말 **대단해**

2 이야기 속 인물의 마음을 나타내는 말을 찾아 선으로 잇고, 낱말을 따라 쓰세요.
서글프다
시시하다
의심쩍다
흐뭇하다

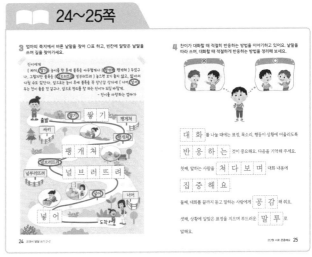

3 엄마의 쪽지에서 바른 낱말을 찾아 ○표 하고, 빈칸에 알맞은 낱말을 쓰며 길을 찾아가세요.
쌓기 / **싸기**
팽개쳐 / **팽게쳐**
널브러뜨려 / **널부러뜨려**
넣어 / **너어**

4 찬이가 대화할 때 적절히 반응하는 방법을 이야기하고 있어요. 낱말을 따라 쓰며, 대화할 때 적절하게 반응하는 방법을 정리해 보세요.
대화를 나눌 때에는 표정, 목소리, 행동이 상황에 어울리도록 **반응하는** 것이 중요해요. 다음을 기억해 주세요.
첫째, 말하는 사람을 **쳐다보며** 대화 내용에 **집중해요**
둘째, 대화를 끝까지 듣고 말하는 사람에게 **공감**해 줘요.
셋째, 상황에 알맞은 표정을 지으며 부드러운 **말투**로 말해요.

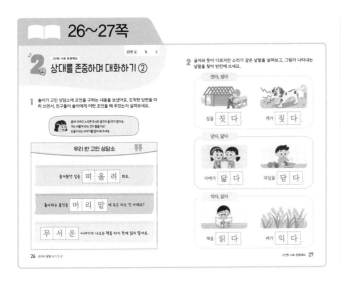

2. 상대를 존중하며 대화하기 ②

1 솔이가 고민 상담소에 조언을 구하는 내용을 보냈어요. 도착한 답변을 따라 쓰면서, 친구들이 솔이에게 어떤 조언을 해 주었는지 살펴보세요.
우리 반 고민 상담소
즐거웠던 일을 **떠올려** 봐요.
좋아하는 인형을 **머리맡**에 두고 자는 건 어때요?
무서운 이야기가 나오는 책은 자기 전에 읽지 않아요.

2 글자와 뜻이 다르지만 소리가 같은 낱말을 살펴보고, 그림이 나타내는 낱말을 찾아 빈칸에 쓰세요.
짓다, 짖다 → 집을 **짓다** / 개가 **짖다**
담다, 닮다 → 자매가 **닮다** / 과일을 **담다**
익다, 읽다 → 책을 **읽다** / 벼가 **익다**

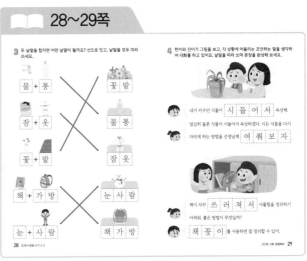

3 두 낱말을 합치면 어떤 낱말이 될까요? 선으로 잇고, 낱말을 모두 쓰세요.
물 + 통 → **물통**
잠 + 옷 → **잠옷**
꽃 + 밭 → **꽃밭**
책 + 가방 → **책가방**
눈 + 사람 → **눈사람**

4 한이와 진이가 그림을 보고, 각 상황에 어울리는 조언하는 말을 생각하며 대화를 하고 있어요. 낱말을 따라 쓰며 문장을 완성해 보세요.
내가 키우던 식물이 **시들어서** 속상해.
열심히 돌본 식물이 시들어서 속상했다. 시든 식물을 다시 자라게 하는 방법을 선생님께 **여쭤보자**
책이 자꾸 **쓰러져서** 사물함을 정리할 때 어려워. 좋은 방법이 무엇일까?
책꽂이를 사용하면 잘 정리할 수 있어.

30~31쪽

32~33쪽

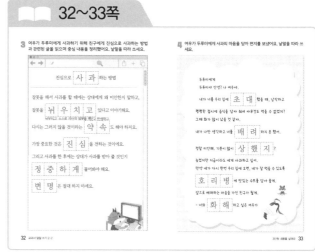

34~35쪽

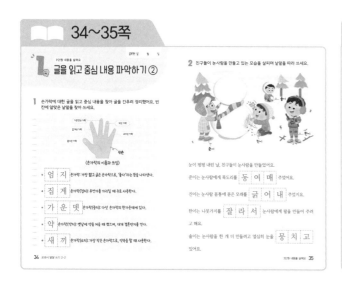

36~37쪽

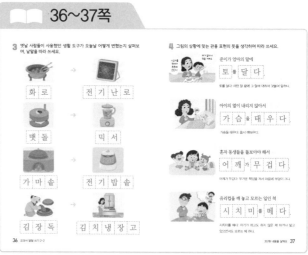

38~39쪽

40~41쪽

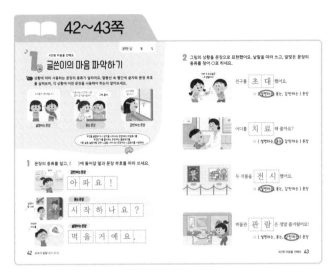

42~43쪽

1. 글쓴이의 마음 파악하기

1 문장의 종류를 알고, ( )에 들어갈 말과 문장 부호를 따라 쓰세요.

아 파 요 !

시 작 하 나 요 ?

먹 을 거 예 요 .

2 그림의 상황을 문장으로 표현했어요. 낱말을 따라 쓰고, 알맞은 문장의 종류를 찾아 ○표 하세요.

친구를 초 대 했어요.
→ (설명하는, **묻는**, 감탄하는) 문장

어디를 치 료 해 줄까요?
→ (설명하는, **묻는**, 감탄하는) 문장

두 작품을 전 시 했어요.
→ (**설명하는**, 묻는, 감탄하는) 문장

박물관 관 람 은 정말 즐거웠어요!
→ (설명하는, 묻는, **감탄하는**) 문장

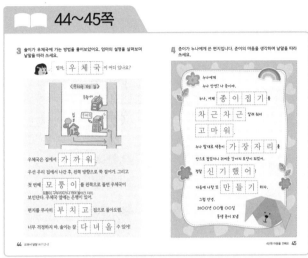

44~45쪽

3 술이가 우체국에 가는 방법을 물어보았어요. 엄마의 설명을 살펴보며 낱말을 따라 쓰세요.

엄마, 우 체 국 이 어디 있어요?

우체국은 집에서 가 까 워.
우선 우리 집에서 나간 뒤, 왼쪽 방향으로 쭉 걸어가. 그리고
첫 번째 모 퉁 이 를 왼쪽으로 돌면 우체국이 보인단다. 우체국 옆에는 은행이 있어.
편지를 무사히 부 치 고 집으로 돌아오렴.
너무 걱정하지 마. 술이는 잘 다 녀 올 수 있어!

4 준이가 누나에게 쓴 편지입니다. 준이의 마음을 생각하며 낱말을 따라 쓰세요.

누나에게

누나 안녕! 나 준이야.

누나, 어제 종 이 접 기 를 차 근 차 근 알려 줘서 고 마 워
누나 말대로 세종이 가 장 자 리 만으로 접힌다니 커서운 감사 모양이 되었어.
정말 신 기 했 어 !
다음에 나랑 또 만 들 기 하자.
그럼 안녕.

20○○년 ○○월 ○○일
동생 준이 보냄

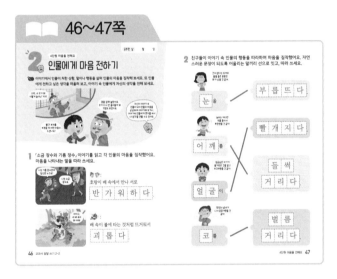

46~47쪽

2. 인물에게 마음 전하기

1 「소금 장수와 기름 장수」 이야기 속 각 인물의 마음을 짐작했어요. 마음을 나타내는 말을 따라 쓰세요.

호랑이 배 속에서 만나 서로
반 가 워 하 다

배 속이 불에 타는 것처럼 뜨거워서
괴 롭 다

2 친구들이 이야기 속 인물의 행동을 따라하며 마음을 짐작했어요. 자연스러운 문장이 되도록 어울리는 말끼리 선으로 잇고, 따라 쓰세요.

눈 을 ─── 부 릅 뜨 다
어 깨 를 ─── 빨 개 지 다
얼 굴 이 ─── 들 썩 거 리 다
코 를 ─── 벌 름 거 리 다

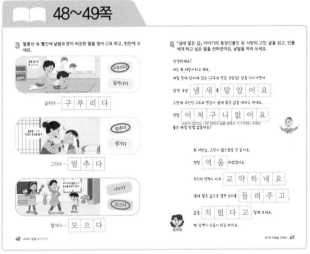

48~49쪽

3 말풍선 속 빨간색 낱말과 뜻이 비슷한 말을 찾아 ○표 하고, 빈칸에 쓰세요.

(**구부리다**, 일어나다)
굽히다 - 구 부 리 다

(멈추다, 생기다)
그치다 - 멈 추 다

(나누다, **모으다**)
합치다 - 모 으 다

4 「냄새 맡은 값」 이야기의 등장인물인 최 서방의 고민 글을 읽고, 인물에게 하고 싶은 말을 전하려고 해요. 낱말을 따라 쓰세요.

안녕하세요?
저는 최 서방이라고 해요.
며칠 전에 장터에 있는 (구두쇠 영감 국밥집) 앞을 지나가면서
잠깐 국밥 냄 새 를 맡 았 어 요
그런데 주인인 구두쇠 영감이 냄새 맡은 값을 내라고 하네요.
정말 어 처 구 니 없 어 요
좋은 해결 방법 없을까요?

최 서방님, 고민이 많으셨을 것 같네요.
정말 억 울 하셨겠어요.
주인의 성격이 아주 고 약 하 네 요
냄새 맡은 값으로 엽전 소리를 들 려 주 고
값을 치 렀 다 고 말해 보세요.
제 답변이 도움이 되길 바라요.

50~51쪽

1. 바른 말 사용하기

1 친구들이 그림을 보고 문장을 만들었어요. ( )에 들어갈 알맞은 낱말을 따라 쓰세요.

갔 다

같 다

주 리 다

줄 이 다

2 그림의 내용을 문장으로 표현하려 해요. 헷갈리기 쉬운 낱말을 바르게 구분하여 ( )에서 찾아 ○표 하고, 빈칸에 쓰세요.

사진 색이 (**바래다**, 바라다)
바 래 다

형의 우승을 (바래다, **바라다**)
바 라 다

사과는 귤보다 개수가 (**적다**, 작다)
적 다

토끼는 호랑이보다 몸집이 (적다, **작다**)
작 다

물건값 계산이 (다르다, **틀리다**)
틀 리 다

서로 좋아하는 음식이 (**다르다**, 틀리다)
다 르 다

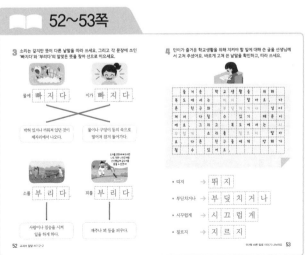

52~53쪽

3 소리는 같지만 뜻이 다른 낱말을 따라 쓰세요. 그리고 각 문장에 쓰인 '빠지다'와 '부리다'의 알맞은 뜻을 찾아 선으로 이으세요.

물에 빠 지 다

이가 빠 지 다

박혀 있거나 끼워 있던 것이 제자리에서 나오다.

물이나 구덩이 속으로 떨어져 잠겨 들어가다.

소를 부 리 다

피를 부 리 다

사람이나 짐승을 시켜 일을 하게 하다.

재주나 꾀 등을 피우다.

4 민아가 즐거운 학교생활을 위해 지켜야 할 일에 대해 쓴 글을 선생님께서 고쳐 주셨어요. 바르게 고쳐 쓴 낱말을 확인한 뒤, 따라 쓰세요.

즐	거	운		학	교	생	활	을	위	해
복	도	에	서	는			띠	지		않
죠		친	구	와			지	가		넘
에	서		그	리	고		복	도	에	서
가	방	소	리	를		요	란	하	게	
질	수		있	어	요					

- 띠지 → 뛰 지
- 부딪치거나 → 부 딪 치 거 나
- 시끄럽게 → 시 끄 럽 게
- 질르지 → 지 르 지

54~55쪽

56~57쪽

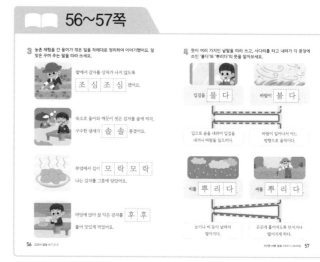

58~59쪽

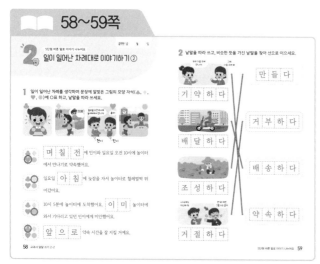

60~61쪽

62~63쪽

64~65쪽

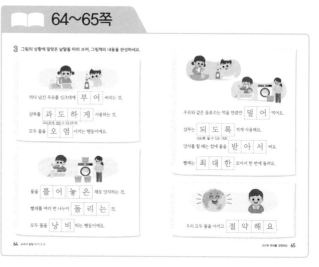

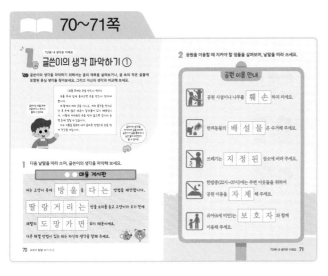

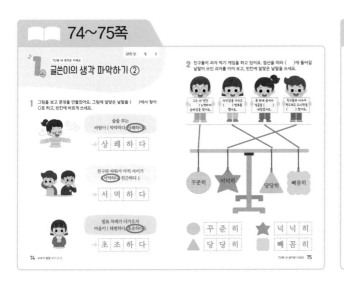

78~79쪽

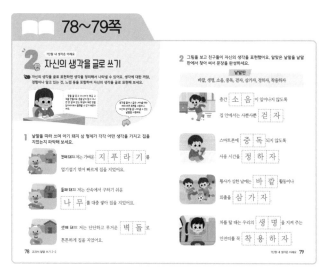

80~81쪽

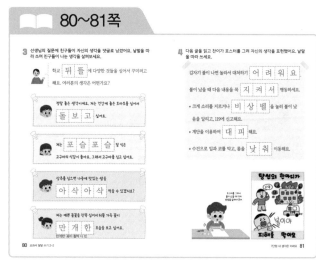

82~83쪽

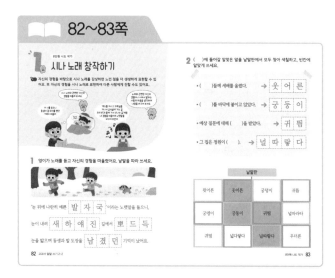

84~85쪽

86~87쪽

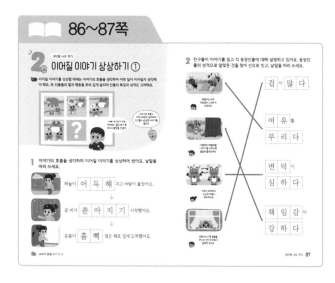

88~89쪽

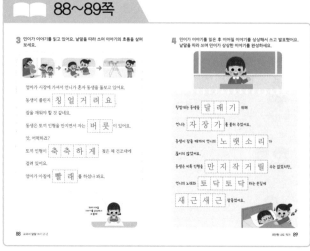

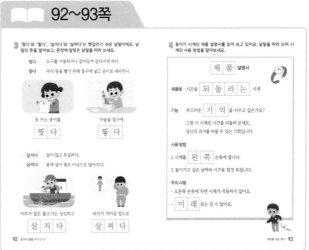

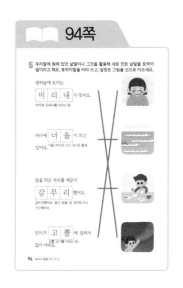

앞으로도
"초코 교과서 달달 쓰기"와
함께해요!

[사진 자료 출처]

– 62쪽, 「바다에 버린 쓰레기는 결국 돌아옵니다」, 한국방송광고진흥공사, 2018.

그려 볼까요?

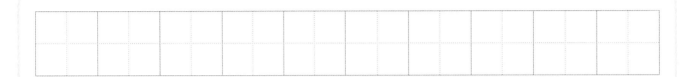
좋아하는 물건의 이름을 쓰고, 그 물건을 그려 보세요.

퍼즐 학습으로 재미있게 초등 어휘력을 키우자!

하루 4개씩
25일 완성!

어휘력을 키워야 문해력이 자랍니다.
문해력은 국어는 물론 모든 공부의 기본이 됩니다.

퍼즐런 시리즈로
재미와 학습 효과 두 마리 토끼를 잡으며,
문해력과 함께 공부의 기본을
확실하게 다져 놓으세요.

Fun! Puzzle! Learn!
재미있게!   퍼즐로!   배워요!

초등 도서 목록

초ㅋ

교과서 달달 쓰기 · 교과서 달달 풀기
1~2학년 국어 · 수학 교과 학습력을 향상시키고
초등 코어를 탄탄하게 세우는 기본 학습서
[4책] 국어 1~2학년 학기별
[4책] 수학 1~2학년 학기별

미래엔 교과서 길잡이, 초코
초등 공부의 핵심[CORE]를 탄탄하게 해 주는
슬림 & 심플한 교과 필수 학습서
[8책] 국어 3~6학년 학기별, [8책] 수학 3~6학년 학기별
[8책] 사회 3~6학년 학기별, [8책] 과학 3~6학년 학기별

전과목 단원평가
빠르게 단원 핵심을 정리하고, 수준별 문제로 실전력을 키우는
교과 평가 대비 학습서
[8책] 3~6학년 학기별

문제 해결의 길잡이

원리 8가지 문제 해결 전략으로 문장제와 서술형 문제 정복
[12책] 1~6학년 학기별

심화 문장제 유형 정복으로 초등 수학 최고 수준에 도전
[6책] 1~6학년 학년별

초등 필수 어휘를 퍼즐로 재미있게 익히는 학습서
[3책] 사자성어, 속담, 맞춤법

하루한장 예비 초등

한글완성
초등학교 입학 전 한글 읽기·쓰기 동시에 끝내기
[3책] 기본 자모음, 받침, 복잡한 자모음

예비초등
기본 학습 능력을 향상하며 초등학교 입학을 준비하기
[4책] 국어, 수학, 통합교과, 학교생활

하루한장 독해

독해 시작편
초등학교 입학 전 기본 문해력 익히기 30일 완성
[2책] 문장으로 시작하기, 짧은 글 독해하기

어휘
문해력의 기초를 다지는 초등 필수 어휘 학습서
[6책] 1~6학년 단계별

독해
국어 교과서와 연계하여 문해력의 기초를 다지는 독해 기본서
[6책] 1~6학년 단계별

독해+플러스
본격적인 독해 훈련으로 문해력을 향상시키는 독해 실전서
[6책] 1~6학년 단계별

비문학 독해 (사회편·과학편)
비문학 독해로 배경지식을 확장하고 문해력을 완성시키는
독해 심화서
[사회편 6책, 과학편 6책] 1~6학년 단계별

초등학교에서 탄탄하게 닦아 놓은
공부력이 중·고등 학습의 실력을 가릅니다.

하루한장 쏙셈

쏙셈 시작편
초등학교 입학 전 연산 시작하기
[2책] 수 세기, 셈하기

쏙셈
교과서에 따른 수·연산·도형·측정까지 계산력 향상하기
[12책] 1~6학년 학기별

쏙셈+플러스
문장제 문제부터 창의·사고력 문제까지 수학 역량 키우기
[12책] 1~6학년 학기별

쏙셈 분수·소수
3~6학년 분수·소수의 개념과 연산 원리를 집중 훈련하기
[분수 2책, 소수 2책] 3~6학년 학년군별

하루한장 한국사

큰별★쌤 최태성의 한국사
최태성 선생님의 재미있는 강의와 시각 자료로
역사의 흐름과 사건을 이해하기
[3책] 3~6학년 시대별

하루한장 한자

그림 연상 한자로 교과서 어휘를 익히고 급수 시험까지 대비하기
[4책] 1~2학년 학기별

하루한장 급수 한자

하루한장 한자 학습법으로 한자 급수 시험 완벽하게 대비하기
[3책] 8급, 7급, 6급

하루한장 ENGLISH BITE

ENGLISH BITE 알파벳 쓰기
알파벳을 보고 듣고 따라쓰며 읽기·쓰기 한 번에 끝내기
[1책]

ENGLISH BITE 파닉스
자음과 모음 결합 과정의 발음 규칙 학습으로
영어 단어 읽기 완성
[2책] 자음과 모음, 이중자음과 이중모음

ENGLISH BITE 사이트 워드
192개 사이트 워드 학습으로 리딩 자신감 키우기
[2책] 단계별

ENGLISH BITE 영문법
문법 개념 확인 영상과 함께 영문법 기초 실력 다지기
[Starter 2책 , Basic 2책] 3~6학년 단계별

ENGLISH BITE 영단어
초등 영어 교육과정의 학년별 필수 영단어를
다양한 활동으로 익히기
[4책] 3~6학년 단계별

초등 교과서 발행사 미래엔의
교재로 초등 시기에 길러야 하는
공부력을 강화해 주세요.

초등 독해서 최고의 스테디셀러

교과 학습의 기본인 문해력을 탄탄하게 키우는

문해력 향상 프로젝트

사회편 미리보기

과학편 미리보기

● 1~6학년 단계별 각 6책

이럴 때 !

기본 독해 후에 좀더 **난이도 높은**
독해 교재를 찾고 있다면!

비문학 지문으로 문해력을
업그레이드해야 한다면!

단기간에 **관심 분야**의
독해에 집중하고 싶다면!

이런 아이 !

사회·과학 탐구 분야에
호기심과 관심이 많은 아이

사회·과학의 낯선 용어를
어려워하는 아이

교과서 속 사회·과학 이야기를
알고 싶은 아이